Edmund Launert

Gartenstauden in Farben

650 Mehrjährige Blütenpflanzen und Farne
für den Garten

Zusammengestellt von Eigil Kiaer
Farbtafeln von Verner Hancke

Otto Maier Verlag Ravensburg

Vom Autor dieses Bandes liegt in gleicher Ausstattung vor:

SOMMERBLUMEN IN FARBEN

450 Einjährige Blütenpflanzen und Zwiebelgewächse für den Garten

Die Reihe der »Ravensburger Naturbücher in Farben«
wird herausgegeben von Hans Joachim Conert

Es sind erschienen:

BÄUME UND STRÄUCHER IN FARBEN
FLORA IN FARBEN
STEINE IN FARBEN
EXOTISCHE VÖGEL IN FARBEN
MEERESTIERE AM STRAND IN FARBEN
NUTZPFLANZEN IN FARBEN
GEBIRGSFLORA IN FARBEN
ZIMMERPFLANZEN IN FARBEN
INSEKTEN AUF FELD UND WIESE IN FARBEN
INSEKTEN DES WALDES IN FARBEN
FOSSILIEN IN FARBEN
SOMMERBLUMEN IN FARBEN

Weitere Bände sind in Vorbereitung

Textteil © 1972 by Otto Maier Verlag Ravensburg
Tafelteil © 1969 by Politikens Forlag, Kopenhagen

Die Originalausgabe: »Havens blomster i farver«
ist erschienen im Politikens Forlag A/S, Kopenhagen

Alle Rechte dieser Ausgabe vorbehalten durch
Otto Maier Verlag Ravensburg
Printed in Denmark and Germany 1972
ISBN 3 473 46113 x

Inhaltsübersicht

Vorwort

Wie dem Band »Sommerblumen in Farben« wurden auch diesem Buch Farbtafeln eines Werkes zugrunde gelegt, das zugleich in mehreren europäischen Sprachen erscheint. Der Text der dänischen Originalausgabe wurde allerdings nicht übernommen. Vielmehr habe ich versucht, ein völlig neues Buch zu schreiben. Als Autor ist man durch die vorgegebene Tafelauswahl gewissermaßen gebunden, die sich aus der gemeinsamen Herausgabe ergibt, besonders weil einige der abgebildeten Staudensorten nicht auf das in den südlicheren Landesteilen vorherrschende Klima hin ausgewählt worden sind. Dieser an sich geringe Nachteil wurde durch die Erwähnung aller für unser Klima in Betracht kommenden Sorten der verschiedensten Stauden ausgeglichen. Darüber hinaus habe ich eine größtmögliche Anzahl verwandter Arten erwähnt, so daß neben den abgebildeten Pflanzen über 300 weitere beschrieben oder angemerkt sind. Dabei wurden vor allem die Stauden erfaßt, die auch im Handel sind. Auf schwer erhältliche Pflanzen habe ich mit wenigen Ausnahmen verzichtet. Dieses Buch wurde ja für den Gartenfreund geschrieben, der nicht die Absicht hat, mit den großen botanischen Gärten seines Landes in Wettbewerb zu treten. Für Liebhaber, die nicht nur alltägliche Stauden kultivieren wollen, wurden Hinweise auf Bezugsquellen gegeben. Ausgesprochene Liebhaberpflanzen, deren Haltung überdurchschnittliche Gartenerfahrung voraussetzt, wurden als solche gekennzeichnet und ihre Sonderansprüche in Stichworten erklärt.
Ich habe dieses Buch mit voller Absicht auf den praktischen Gebrauch abgestimmt. Ganz bewußt wurden weitläufige Pflanzenbeschreibungen in den Hintergrund gerückt, um dem Leser zu sagen, wie eine gegebene Pflanze zu behandeln und im Garten anzuwenden ist. Wenn bei einigen Arten auch etwas über ihre biologischen Besonderheiten und ihre Herkunft gesagt wurde, dann geschah dies in der Absicht, den Gartenfreund zur weiteren Beschäftigung mit seinen Pflanzen anzuregen. Eine angemessene Literaturauswahl ist am Ende des Buches zu finden. Zur Ergänzung wurde im Text der Einführung und Pflanzenbeschreibungen immer wieder auf den Band »Sommerblumen in Farben« hingewiesen. Bei Verweisen auf Pflanzennummern wird dieser Band mit I abgekürzt.
Es gibt viele Gartenbücher und ihre Zahl wächst jährlich; aber es befindet sich kaum eines auf dem Markt, in dem eine so reiche Pflanzenauswahl farbig dargestellt ist. Mit Ausnahme der Einführung, in der allgemeine Aspekte der Staudenkultur behandelt sind, will dieser Band nicht von Anfang bis Ende gelesen werden: vielmehr will er mit den Tafeln den Schauenden anregen, sich im Text das Wissenswerte über die gesehene Pflanze zu suchen.
Niemand kann heute noch ein Gartenbuch schreiben, ohne auf große Vorläufer zurückzugreifen. Ich wurde ganz besonders durch die Arbeiten des Altmeisters der Steingartenkunst, Wilhelm Schacht wie auch durch die Veröffentlichungen von Richard Hansen angeregt. Nicht vergessen möchte ich die vielen Hinweise, für die ich hiesigen Gartenenthusiasten und Berufsgärtnern zu Dank verpflichtet bin.

London, August 1971   Edmund Launert

Was sind Stauden?

Der Begriff »Staude« wird im Gartenbau wesentlich enger gefaßt als es volkstümlich üblich ist. In manchen Landesteilen werden z.B. Heckenrosen, Himbeeren und Heide-»Kräuter« auf der einen Seite und Kürbis, Tabak und Hanf auf der anderen als Stauden bezeichnet. Dabei handelt es sich in Wirklichkeit bei der ersten Gruppe um Holzpflanzen (Sträucher) und bei der zweiten um Ein- oder Zweijährige. Schon aus dem Gesagten wird klar, was wir unter Stauden verstehen: es sind mehrjährige krautige Pflanzen, die den Winter mit unterirdischen Organen überdauern. Bei den meisten verdorren die überirdischen Organe entweder nach der Blüte oder vor Einbruch des Winters, und im folgenden Frühjahr treiben sie wieder aus. Ihre Triebknospen befinden sich meistens dicht unterhalb oder direkt an der Erdoberfläche (z.B. *Iris* (13), *Dicéntra* (7), *Delphínium* (6), *Paeónia* (15); man nennt sie auch Erdschürfepflanzen. Bei anderen hingegen liegt die Triebknospe tief in der Erde. Aus dieser Definition folgt, daß Zwiebel- und Knollengewächse auch zu den Stauden gehören. Aus technischen Gründen wurden sie im Band »Sommerblumen« abgehandelt. Schließlich gibt es eine Anzahl von Stauden, deren Überwinterungsorgane über der Erdoberfläche liegen. Wir sprechen von wintergrünen Stauden. Dabei kann es vorkommen, daß das Winterlaub anders gefärbt ist als im Sommer, z.B. besitzen gewisse *Sedum*- und *Thymus*-Arten ein braunes oder rötliches Winterkleid, während sie im Sommer grün oder blaugrün aussehen. Wenn wir bei Stauden von ausdauernden

Pflanzen sprechen, dann bedeutet das keineswegs, daß sie im Garten ein ewiges Dasein führen. Wie allen Lebewesen, sind ihnen Daseinsgrenzen gesetzt: manche sind verhältnismäßig kurzlebig und kümmern bereits nach dem 3. oder 4. Jahr dahin, andere halten bis zu 25 Jahre oder länger, ohne an Lebenskraft einzubüßen. Das Wissen um das Lebensalter unserer Stauden ist notwendig, wenn wir in einer harmonisch gestalteten Staudenanlage nicht unvorhergesehene Lücken haben wollen. Wenn im Folgenden einige Hinweise auf das optimale Lebensalter einiger Stauden gegeben wird, dann setzt es voraus, daß diese Pflanzen nicht nur am rechten Platz im Garten, d.h. unter den ihnen am besten zusagenden Bedingungen gepflanzt werden, sondern daß sie auch zu jeder Jahreszeit gepflegt werden. Bei vielen Arten läßt sich die Lebensspanne erweitern, indem man sie bei eintretender Blühmüdigkeit teilt; entsprechende Hinweise sind bei den Pflanzenbeschreibungen zu finden. Kurzlebige Stauden gleichen ihren Nachteil oft durch reichliche Selbstaussaat aus. Langlebige brauchen oft viele Jahre, ehe sie voll zur Entwicklung kommen. Man sollte auch wissen, daß das Lebensalter kein Gattungscharakter ist und verschiedene Arten lang- oder kurzlebig sein können. Den folgenden Gruppen liegen die Erfahrungen des Staudengartens in Weihenstephan zugrunde (R. Hansen); sie beinhalten nur in diesem Band beschriebene Pflanzen.

1. Stauden, die ein hohes Alter erreichen (mehr als 8 Jahre): *Arúncus silvéster*

(47), *Ásarum* (45), *Astrántia májor* (57), *Aubriéta* (ausgeschlossen rot- und rosafarbige) (58, 59), *Campánula portenschlagiána* (70), *Cerástium* (76), *Convallária* (87), *Dicéntra spectábilis* (98), *Dictámnus* (100), *Gypsóphila paniculáta* (123) und *G. répens* 'Rosenschleier' (122), *Echínops* (104), *Epimédium* (105, 106), *Eránthis (I: 214)*, *Eupatórium purpúreum* (113), *Ibéris* (145), *Iris sibirica*-Sorten (154), *Helléborus niger* (136), *Hepática tríloba* (137), *Hósta* (142, 143), *Macleáya cordáta* (173), *Miscánthus* (322), *Nympháea álba* (296), *Peltiphýllum peltátum* (187), *Phýsalis* (191), *Polygonátum* (196), *Oenothéra missouriénsis* (179), *Paeónia lactiflóra* und *P. officinális* (218, 219), *Rudbéckia nítida* (230), *Rodgérsia* (226), *Ligulária clivórum* (161), *Vínca mínor* (277), *Víola odoráta* (279).

2. Stauden, die für 5-7 Jahre zufriedenstellend gedeihen, aber am besten zwischen dem 2. und 5. Jahr wirken: *Achilléa filipéndula* (20), *Aconítum* (24), *Aster nóvae-ángliae* (53), *Aster nóvi-bélgii* (52), *Aster ericoídes* (48), *Brúnnera macrophýlla* (31), *Cáltha palústris* (287), *Campánula glomeráta* (66), *Delphínium* (93), *Centauréa* (74, 75), *Diánthus plumárius* (96), *Drýas octopétala* (103), *Erígeron* (109), *Euphórbia polychróma* (112), *Filipéndula* (114), *Iris x germánica* (149), *Lýthrum salicária* (172), *Leontópodium* (159), *Phlóx subuláta* (188), *Polemónium* (194, 195), *Solidágo* (259), *Tradescántia* (266), *Tróllius* (268), *Thalíctrum* (mit Ausnahme von *T. dipterocárpum*) (262), *Verónica spicáta* und *V. téucrium* (276), *Sédum spúrium* (245), *Sálvia nemorósa* (233), *Scabiósa caucásica* (241).

3. Stauden, die nach 2-3 Jahren unbefriedigend werden und ihre schönste Wirkung im ersten Jahr nach der Pflanzung zeigen: *Anchúsa itálica* (30), *Campá-*

nula persicifólia (68, 69), *Chrysánthemum máximum* (83) und *C. róseum* (81), *Diánthus plumárius* (rote Sorten) (96) und *D. deltoídes* (97), *Gaillárdia* (116), *Centránthus rúber* (71), *Myosótis palústris* (293), *Papáver nudicáule* und *P. alpínum* (185), *Phytolacca americána* (193), *Primúla japónica* (211), *Verbáscum* (271), *Víola cornúta* (278).

Angaben dieser Art sind natürlich nur Leitlinien, man kann keine Vollständigkeit erwarten. Hier nicht erwähnte, aber im Buch behandelte Stauden sind zwischen der 1. und 3. Gruppe einzureihen. Die Natur kann sprunghaft sein; darum braucht sich niemand zu wundern, wenn eine Pflanze, die unter den Kurzlebigen aufgeführt ist, auch im zehnten Jahr noch freudig blüht: der Amateur wird aber zu seinem Verdruß oft gerade die gegenläufige Tendenz beobachten.

Einige Stauden ziehen entweder jährlich nach der Blüte völlig ein oder ihr Laub wird so unansehnlich, daß man sie gänzlich zurückschneiden muß. Der erfahrene Liebhaber wird solche Pflanzen nie in Gruppen setzen, weil sie nach der Blüte häßliche Lücken im Staudenbeet schaffen. Fast ausnahmslos ziehen alle Zwiebelgewächse nach der Blüte ein, außerdem: *Anemóne ranunculoídes* (35) und die heimische *A. nemorósa*, *Tríllium* (267), *Aquilégia* (37–39), *Chrysánthemum* (78–83), *Dicéntra* (98), *Dorónicum* (102), *Papáver orientále* (184), *Thalíctrum aquilegifólium* (unter 262), *Verbáscum* (270–272), *Paeónia tenuifólia* (217). Man sollte diesem Hinweis aber nicht unbedenklich folgen und nur zurückschneiden, wenn einem das Laub wirklich mißfällt. Ich selbst würde z. B. *Verbáscum* stehen lassen. Um unschöne Stellen in der Anlage zu vermeiden, stellt man alle frühblühenden Stauden in den Hintergrund. Nur Zwiebelpflanzen können vorn stehen, da ihr Laub bald verschwindet.

Bei der Gestaltung unseres Gartens müssen wir uns nur stets vor Augen halten, daß grundsätzlich zwei Staudentypen zu unterscheiden sind: Wildstauden und Beetstauden.

Wildstauden sind entweder bodenständige, das heißt einheimische Pflanzen oder eingeführte, gärtnerisch nicht oder nur wenig veränderte Fremdpflanzen. Selten können sie mit ihren Blüten mit den Beetstauden oder gar mit der Pracht der Sommerblumen wetteifern. Sie wirken in ihrer natürlichen Schönheit, und darum sollte man sie auch naturgemäß pflanzen, das heißt ihnen im Garten einen Platz anweisen, der ihrem Standort in der freien Natur am nächsten kommt. Entsprechende Hinweise sind bei den Beschreibungen zu finden.

Beetstauden, auch oft Rabattenstauden genannt, sind gärtnerisch hochgezüchtete Prunkstauden, die meistens ihrer Blüten wegen gepflanzt werden und nach dem Verblühen weniger schön sein können als Wildstauden. Wie alle gärtnerischen »Kunstprodukte« sind sie oft nicht so standfest und winterhart und obendrein wesentlich anfälliger für Ungeziefer und Krankheiten. Ihre Pflege beansprucht größere Mühe und mehr Zeit, und aus diesem Grunde sollte man sie nicht mit Wildstauden mischen. Während man bei Wildstauden, die ja meistens gute Bodendecker sind, die Pflege auf regelmäßiges Unkrautjäten mit der Hand beschränken kann, muß man in Beetstaudenpflanzungen mit Hacke und Spaten umgehen. Da die meisten Beetstauden im Sommer zur Blüte kommen, man aber im Garten während des ganzen Jahres Blütenfreuden erleben möchte, liegt freilich die Versuchung nahe, sie mit früh- bzw. spätblühenden Wildstauden zusammenzupflanzen. Dieses Dilemma läßt sich leicht umgehen, indem man das Staudenbeet mit schönblühenden Sträuchern durchsetzt und außerdem Zwiebelpflanzen, besonders im Frühling blühende, einsetzt. Man muß die Stellen entsprechend kennzeichnen, damit die Zwiebeln nicht bei den späteren Pflegearbeiten zerstört werden. Auf keinen Fall sollte man Sommerblumen ins Staudenbeet pflanzen: sie sind nicht nur von völlig verschiedenem Charakter, sondern brauchen auch wegen ihrer kurzen Lebensdauer eine ganz andere Behandlung. Alle Beetstauden verlangen nährstoffreiche Böden, und die meisten sollten hin und wieder gedüngt werden (siehe auch S. 13 und 15).

Wie in der Natur, kann auch im Garten nicht jede Pflanze an jedem Platz gedeihen. Alle Arten sind mehr oder weniger standortgebunden. Unter Standort verstehen wir die Summe aller Umwelteinflüsse: Wasser, Luft, Licht, Bodenart, Klima u.s.w. Aus diesem Grunde wurde bei den Beschreibungen ein Hinweis auf den Standort gegeben, der den Pflanzen am besten zusagt. Das Gartenhandwerk läßt sich nicht allein durch Bücher lernen. Jeder gute Gärtner braucht neben einem gerütteltem Maß an Fingerspitzengefühl auch eine scharfe Beobachtungsgabe. Sieht man, daß eine Staude auf einem Platz nicht gut gedeiht, pflanzt man sie um. Neben dem Platz im Garten, sei er schattig oder sonnig, spielen Bodenbeschaffenheit und Wasserführung eine wichtige Rolle (siehe auch Bodenarten S. 14). Im Extrem haben wir Pflanzen für trockene Böden (sie können Trockenperioden überstehen und sind meistens gegen dauernde Feuchtigkeit oder gar Nässe empfindlich) und Pflanzen für feuchte Böden (sie gehen auf trockenen Böden schnell ein). Die goldene Mitte halten Pflanzen für frische Böden; sie vertragen weder Trockenheit noch Nässe.

Aufbau der Staudenpflanzung

Wie pflanzt man richtig?

Dieser Abschnitt könnte auch überschrieben sein: wie pflanzt man mit Geschmack? Über Geschmack läßt sich bekanntlich nicht nur streiten, noch weniger läßt er sich diktieren. Nicht zu Unrecht sprechen wir von Gartenkunst, und sie kann, ebenso wie das Kochen und sich Kleiden, eine wahre Kunst sein. Hierzulande sind wir oft noch weit entfernt, das begriffen zu haben. Der beste Weg zur Geschmacksbildung führt durch Mustergärten, die von Fachleuten angelegt worden sind. Es lohnt immer wieder, Anlagen wie den Palmengarten in Frankfurt, die Botanischen Gärten in Nymphenburg und Herrenhausen oder gar den Staudengarten in Weihenstephan aufzusuchen. Einige Richtlinien sollen hier gegeben werden:

Auf jeden Fall vermeide man im Staudengarten den »Parteitag der Blumen«! Massenanpflanzungen können auf Gartenausstellungen, im Kongreßgelände oder in großen Parks wirksam sein, im Privatgarten wirken sie entweder protzig oder öde. Wie in einer Symphonie müssen alle Elemente aufeinander abgestimmt sein. Jede Staude ist eine Persönlichkeit und muß als solche behandelt werden. Die großen Egoisten, wir haben sie als Einzel- oder Solitärstauden bezeichnet (z.B. 27, 281, 321, 322, 323 oder die herrliche Eselsdistel – *Onopordon acanthium*) passen in keine Gemeinschaft, sie gehören an »strategische Punkte« des Gartens oder an den Rand der Pflanzung; auch im Vorgarten oder an Einfahrten wirken sie prachtvoll. Rückgrat des wohldurchdachten Staudengartens sind Zierbäume und Sträucher. Sie werden unterstützt durch die sogenannten Leitstauden. Diese sind durch Wuchs, Größe oder Blütenfarbe ausgezeichnete Pflanzen (z.B. Rittersporn, Phlox, Tafelblatt oder Waldgeißbart), die, einzeln oder in Gruppen gepflanzt, der Anlage ein Thema verleihen, an dem alle anderen Stauden ausgerichtet werden. Die Kunst, eine Unzahl von im Handel erhältlichen Stauden innerhalb des Gerüstes von Ziergehölzen und Leitstauden aufeinander abzustimmen, ist schwer erlernbar. Die moderne Gartenarchitektur kommt dem hilflosen Anfänger entgegen, indem sie ökologisch und ästhetisch ausgewogene Bepflanzungen ausgearbeitet hat. An diese Vorschläge sollte sich der Anfänger halten, und ich kann ihm ganz besonders die Kataloge einiger Staudengärtnereien, wie z.B. Kayser & Seibert empfehlen, die vorbildliche und brauchbare Anregungen vermitteln.

Abschließend seien noch zwei Staudenanlagen gesondert genannt: der Steingarten und der Wassergarten; ideal ist die Kombination beider!

Der Wassergarten

Kein richtiger Garten ist ohne Wasser denkbar. Freilich gibt es nur wenige Garteninhaber, die auf Ihrem Grundstück eine Quelle oder einen natürlichen Wasserlauf haben. Aber das sollte kein Hindernis sein. Mit etwas Geld und Erfindungsgabe kann man heutzutage Wasser in jeden Garten bringen. Schon ein vorbehandeltes Faß, geschickt in den Boden eingelassen und nett mit Trittplatten umrahmt, schafft einen Miniaturteich. Besser ist natürlich ein größerer, ausgehobener Teich oder ein gemauertes Zierbecken. Je nach Bodenbeschaffenheit muß man ihn entsprechend abdichten, um Wasserverluste durch Versickern zu vermeiden. Ganz besonders behutsam muß man ihn in Hausnähe anlegen, damit der Keller nicht zum Schwimmbad wird. Jede Baufirma, die sich auf die Einrichtung von »swimming pools« spezialisiert, kann hierfür zurate gezogen werden. Liegt der Steingarten direkt am Teich, so läßt sich mit Hilfe von Wasserleitungsrohren über eine Steingruppe hinweg ein plätscherndes Bächlein zaubern. Eine einfache Umlaufpumpe ermöglicht die ständige Wiederverwendung des Wassers (Leitungswasser ist nicht nur teuer, es ist meistens auch zu kalt!).

Der Boden des Teiches sollte sandig-lehmig und nährstoffhaltig sein. Nach Papenfuß (siehe S. 31) sollte man ihm je Kubikmeter 1000 g einer organischen Düngemischung beifügen, die aus gleichen Teilen Blutmehl, Knochenmehl und Hornspänen besteht. Die Bepflanzung kann, im Gegensatz zum Garten, jederzeit vom Frühjahr bis zum Frühherbst erfolgen. Eine Auswahl von Wasserpflanzen, unter Einschluß zahlreicher Uferpflanzen, ist von Nummer 282–303 gegeben.

Die Krönung einer jeden Teichbepflanzung sind Teich- und Seerosen. Leider ist ihre Kultur nicht ganz einfach. Zunächst brauchen sie unbedingt einen vollen Sonnentag; der Teich sollte deshalb nicht von großen Bäumen umpflanzt werden oder im Schatten mehrerer Häuser liegen. Das Wasser muß ungestört sein: Springbrunnen und Seerosen schließen einander aus; auch auf den Wasserfall muß man bei kleineren Teichen verzichten. Da Teichrosen mit kräftigen, wuchernden Wurzeltrieben (Rhizomen) wachsen, setzt man sie am besten in versenkbare Pflanzgefäße.

Dies sind entweder Kübel aus Ton, Holz oder Kunststoff oder geflochtene Körbe. Ihr Durchmesser schwankt von 30 bis 60 cm. Manche Firmen senden Pflanzen in diesen Kübeln, so daß man sie nur zu versenken braucht. Bei frischer Bepflanzung sollte der Wasserspiegel 8–12 cm über den Pflanzen liegen. Der Pflanzerde darf auf keinen Fall Kunstdünger oder unfertiger Kompost beigegeben werden. Alle drei oder vier Jahre sollte umgepflanzt werden; dabei wiederholt man die am Anfang genannte Düngung. Seerosen sind selten winterhart. Am besten läßt man im Spätherbst das Wasser ab und schützt die Pflanzen mit Laub- oder Strohbelag. Wer ganz sicher gehen will oder wer seinen Teich nicht ablassen kann, sollte die Pflanzengefäße entfernen und in einem frostfreien Raum mit Moos bedeckt überwintern. Zum Wiederauffüllen des Teiches im Frühjahr sollte nur Leitungswasser verwendet werden. Seerosenblätter werden gern von Schnecken angegriffen; fleißiges Ablesen ist die einzige Abwehr. Kleininsekten sprüht man mit feinem Wasserstrahl ab. Die Verwendung von Insektiziden ist dem Tierleben im Teich immer abträglich.

Mit dem Pflanzen von Seerosen ist es freilich noch nicht getan. Ein Teich bildet ein hochinteressantes Biotop, in dem biologisches Gleichgewicht herrschen muß, wenn er nicht zu einer Schmutzpfütze ausarten soll. Neben wurzelnden Stauden beherbergt er frei schwimmende Blütenpflanzen wie auch Wassermoos und Algen. Er sollte Fische, Flohkrebse, Schnecken, Wasserasseln und anderes Kleingetier enthalten. Für Kinder kann er zur ständigen Beobachtungs- und biologischen Schulungsquelle werden.

Der Steingarten

Man unterscheidet zwei, allerdings nicht immer klar trennbare Typen, den natürlichen Steingarten – auch als Alpinum bekannt – und den formellen – oder architektonischen – Steingarten. Im natürlichen Steingarten versucht man, ein Stück Gebirge auf kleinstem Raum nachzugestalten. Natürlich anmutende Felsgruppen werden aus unbehauenen Steinen gestaltet und mit geeigneten Stauden bepflanzt. Die Möglichkeiten der Gestaltung einer solchen Anlage, an sich unbegrenzt, werden durch Größe und Lage des Gartens beschränkt. Auch kann die Beschaffung entsprechenden Steinmaterials in manchen Landesteilen auf Schwierigkeiten stoßen. Für den Liebhaber von Alpenpflanzen ist zu bedenken, daß Gebirgs- oder gar Hochgebirgsstauden im Tiefland ganz besondere Pflege brauchen, wenn sie einigermaßen erfolgreich wachsen sollen. Nur in großen Anlagen kann man hinreichend viele Standorte gestalten, die einer Vielzahl von Stauden gerecht werden.

So begehrenswert der natürliche Steingarten auch sein mag, für die meisten Liebhaber ist der architektonische Steingarten zu empfehlen, zumal er sich nicht nur besser in die Stadtlandschaft einfügt, sondern auch eine größere Mannigfaltigkeit von Standorten ermöglicht. Wer sich intensiv mit der Materie befassen will, sollte zu Spezialliteratur greifen (siehe S. 31). Hier sollen nur Anregungen gegeben werden.

Gärten an Hanglagen erlauben die Einrichtung von Terrassengärten, indem man das natürliche Gefälle durch den Einbau von Trockenmauern unterbricht. Anzahl und Höhe der Mauern ist von Höhe und Grad des Gefälles abhängig. Durch die Anlage von Terrassen gewinnt man nicht nur horizontale oder schwach geneigte Pflanzflächen (die eigentliche Terrasse), sondern auch vertikale Pflanzflächen, indem man Stauden in die Fugen der Trockenmauern einsetzt. Da die Trockenmauer zugleich Stützmauer ist, muß sie kräftig genug sein, um dem Erddruck zu widerstehen. Wer es sich leisten kann, sollte nur Natursteine für ihren Bau benutzen. Sowohl aus statischen Gründen wie auch wegen der Bepflanzung sollte sie leicht gegen den Hang geneigt stehen. Zur Abführung von Hang-Sickerwasser muß an ihrem unteren Innenrand ein Drainagerohr gelegt werden, besonders, wenn der Untergrund aus wasserundurchlässigen Schichten besteht. Ihre horizontalen Fugen sollten weit genug sein und mit einer nahrhaften Erde gefüllt werden, um Stauden aufzunehmen. W. Schacht empfiehlt eine Mischung von lehmiger Rasenerde, Torfmull und zersetztem Kuhdung. Wo es der Platz ermöglicht, kann man rechtwinklig zur Stützmauer tiefe Gräben mit steilen Wänden in den Hang graben und diese auch wieder mit Stützmauern versehen; auf diese Weise schafft man Schluchten zur Aufnahme von Pflanzen, die in Schatten oder Halbschatten und in etwas feuchterer Atmosphäre gedeihen. Durch geschickte Bepflanzung mit passenden Ziergehölzen kann man diese Standorte noch verbessern. Der ganz erfinderische Liebhaber wird eine solche Schlucht auch noch mit einem Wasserfall versehen.

Für den Besitzer eines flachen Gartens – das ist ja meistens der Fall – ist der Trockenmauerwall zu empfehlen. Er ist besonders in England zu finden und bei uns noch viel zu wenig bekannt. Die Konstruktion ist einfach. Man errichtet im Abstand von 1,5–3 m zwei parallel verlaufende, nicht unbedingt geradlinige, nach oben zu gegeneinander geneigte Trockenmauern. Den Zwischenraum füllt man mit Schutt-

und Schottermaterial aus. Um Morgen- und Nachmittagssonne voll auszunutzen, sollte der Wall von Ost nach West gerichtet sein. Auf der flachen Wallkrone kann man Ziergehölze und größere Stauden nach Belieben pflanzen. Seiner Länge sind keine Grenzen gesetzt, und der phantasievolle Amateurgärtner kann durch Unterbrechungen oder eingearbeitete Nischen alle möglichen Sonderstandorte erreichen. Die Höhe des Trockenmauerwalls schwankt zwischen 50 cm und 3 m (der Alpinist kann auch noch höher bauen).

Wer einen Steingarten mit Erfolg unterhalten hat, außerdem aber noch ganz besondere Liebhaberpflanzen aus den höheren Gebirgsregionen pflegen will, sollte einen Troggarten anlegen. Auch diese Liebhaberei kommt von den Britischen Inseln. Sofern der Trog am Boden einen Abfluß besitzt, kann man dazu alles mögliche verwenden: Schweinetröge und Pferdetränken, ja, zur Not eine ausgediente Badewanne. Nachdem man das 'Spundloch' mit einem schützenden Sieb versehen hat, wird das unterste Drittel des Troges mit groben Schotter gefüllt, darüber kommt eine Schicht *Sphagnum* (Torfmoos) und dann die eigentliche Pflanzenerde. W. Schacht rät zu einer Mischung aus Rasenerde, Torf, scharfem Sand und altem, zerriebenem Mörtel. Man beachte aber, daß diese Mischung völlig unkrautfrei sein muß, wenn man vor unliebsamen Überraschungen geschützt sein möchte. Der Troggarten will mit Liebe gepflegt sein und beansprucht viel Aufmerksamkeit.

Noch anspruchsvoller ist das sogenannte Moorbeet. Hier kann der Liebhaber, ich betone der Liebhaber, eine Anzahl kalkfeindlicher Urgesteinspflanzen des Gebirges kultivieren. Das Moorbeet muß ständig feucht gehalten werden, es darf nicht der prallen Sonne ausgesetzt sein und verträgt keinen übermäßigen Wind. Auf durchlässigen Böden muß der Grund des muldenartigen Beetes zunächst isoliert werden (Teer, Plastikfolie). Man füllt die 25–40 cm tiefe Mulde dann bis zur Hälfte mit Torfmull und darauf mit einer Mischung von Moor- und Heideerde. Gießen darf man nur mit kalkfreiem Wasser!

Die Staudenanlage

Vorbereitung der Staudenanlage

Im Band »Sommerblumen« werden die grundlegenden Bodenbearbeitungsvorgänge beschrieben. Auch Bodenarten, Düngung und Kompostbereitung können dort nachgelesen werden. Dennoch muß hier ein Sonderabschnitt eingefügt werden, der auf das Besondere der Staudenpflanzung eingeht. Man braucht wohl nicht lange zu erklären, daß gesundes Pflanzenwachstum nur garantiert werden kann, wenn der Boden sehr gut präpariert ist. Sommerblumen, wie auch die meisten Gemüsepflanzen, werden jährlich auf neue oder frisch behandelte Pflanzflächen gebracht; die Staudenanlage (ich vermeide absichtlich das Wort Beet) hingegen ist von Dauer. In einer völlig bepflanzten

Anlage lassen sich umfangreiche Bodenverbesserungsarbeiten nicht ohne Pflanzenverluste durchführen. Besonders kompliziert wird es, wenn man in größeren Gärten ein möglichst weites Staudenspektrum haben will; man braucht je nach Pflanzengemeinschaft verschiedene Böden. Ausgesprochene Spezialfälle wurden bereits gestreift: Teichboden, Moorbeet, Trogkultur, Trockenmauer und Trockenwall. Eine Sonderstellung nimmt der Waldboden ein. Wer bereits etablierte Baumbestände im Garten hat, braucht sich nicht viel Mühe zu geben, weil der jährliche Laubfall für die Humuszufuhr sorgt, vorausgesetzt, daß man das Laub nicht beseitigt oder vom Wind wegblasen läßt. Bei Neuanlage muß man den Boden entsprechend mit Kompost und eingebrachtem Laub anreichern und für mehrere Jahre regelmäßig Komposterde aufstreuen. Nur dann werden sich Wildstauden ansiedeln lassen. Übrigens sollte man nicht viel Unterwuchs unter dichtstehenden Nadelbäumen erwarten; besonders im Umkreis der Eibe ist alles tot. Selten eignet sich jungfräulicher Grund für die Bepflanzung mit Heide- oder Steppenpflanzen. Der Boden muß hier wenigstens 30 cm tief mit Sand und Feinschotter durchmischt werden; für kalkliebende Pflanzen braucht man Kalkschotter, während man für an saure Standorte gebundene Pflanzen Urgesteinsschotter und Torfmull verwenden muß.

Besondere Sorgfalt muß man der Bodenvorbereitung für Beetstauden zuwenden. Was immer man tut, es ist von größter Wichtigkeit, die gesamte Bepflanzungsfläche von Unkraut frei zu halten. Daher achte man darauf, daß eingebrachte Erde oder Kompost frei von Wurzelstücken oder Knollen ausdauernder Unkräuter ist. Schwere Böden müssen durch Umgraben

auf wenigstens 40 cm Tiefe aufgelockert werden, außerdem sollte man sie zur Erhöhung der Durchlässigkeit mit feinem Kies, Sand oder Torfmull gründlich vermischen. Umgekehrt sollte man leichte Böden durch Beimischen von Lehm wasserhaltender machen. Ein sehr empfehlenswerter Arbeitsvorgang ist das Rigolen (siehe I). Besonders die oberste Schicht (10–15 cm) muß stark mit Komposterde angereichert werden. Als letztes sorgt man für gründliche Düngung, die bei völlig unbepflanzter Fläche am besten mit an Torfmull gebundenen Mischdünger (S. 15), der mit der Gabel in die Oberfläche eingearbeitet wird, erfolgt. Nur wenn die obersten Bodenschichten völlig damit vermischt sind, kommt er den Wurzeln der zarten Jungpflanzen zugute. Welche Bodenansprüche einzelne Stauden stellen, wird bei den Beschreibungen angegeben. Kalkliebende Pflanzen müssen gelegentliche Kalkgaben bekommen, doch muß man es mit Bedacht tun, um nicht in der Nähe stehende kalkscheue Stauden oder Sträucher zu schädigen. Man sollte keine Verallgemeinerung treffen, aber als Regel gilt, daß kalkfreundliche Pflanzen oft recht gut auf leicht sauren Böden gedeihen, während das Umgekehrte seltener der Fall ist.

Erst wenn die Pflanzfläche gründlich vorbereitet ist, sollte man mit dem Pflanzen beginnen. Zunächst empfiehlt es sich, die Beetoberfläche mäßig zu walzen. In größeren Anlagen, wo nicht jede Stelle des Beetes durch einen Weg zugänglich ist; muß man in regelmäßigen Abständen Trittplatten einfügen, da anderenfalls der mühsam aufgelockerte Boden durch ständiges Betreten wieder verdichtet wird. Wer Trittsteine nicht leiden kann, sollte Raseninseln anlegen. Außerdem kann man bei der Erstbepflanzung Laufbretter auslegen. Die Größe des auszuhebenden Pflanzloches richtet sich nach dem Umfang des Wurzelballens der Pflanzen. Für Zwiebel- und Knollenpflanzen wurde die Pflanztiefe für jede Art bei der Beschreibung angegeben; außerdem sollte man auch die Tabelle im Band »Sommerblumen« studieren. Wer sehr undurchlässige Böden hat, sollte das Pflanzloch für Zwiebel- und Knollenpflanzen etwas tiefer als angegeben ausheben und am Grunde eine 1–2,5 cm dicke Schicht grobkörnigen Sandes einfügen. Auf diese Weise verhindert man Zwiebelfäulnis. Viele Zwiebeln werden von Mäusen angegriffen. Es lohnt sich deshalb, sie in im Handel erhältlichen Pflanzkörbchen einzusetzen. Narzissen werden übrigens nicht von diesen Nagern geschätzt, und einer alten Gärtnerweisheit nach hält *Fritillária imperiális* die Mäuse ganz vom Garten fern.

Bei allen anderen Stauden achte man zunächst entweder beim Kauf oder beim Umsetzen darauf, ob sie nicht zu Arten gehören, die niemals völlig vom Wurzelballen (Topfballen) befreit werden dürfen. Gute Gärtnereien werden solche Stauden immer nur im Topf liefern und die entsprechende Anweisung beifügen. Wer Pflanzen im Garten umsetzt, achte darauf, daß er den anhaftenden Boden nicht von der Pflanze abschüttelt. Es gibt viele Arten, die ohne Pflanzung mit dem Topfballen nur schwer anwachsen. Man achte aber darauf, daß unnötige und abgestorbene Wurzeln abgeschnitten werden. Man setzt die Wurzel dann ihrer natürlichen Lage entsprechend in das Pflanzloch ein und füllt es zu, wobei man das Erdreich vorsichtig mit der Hand nach auswärts, also von der Pflanze weg, andrückt. Beim Einsetzen muß man die Wurzel zunächst etwas höher halten, weil sie beim Festdrücken des Bodens tiefer in den Boden

gerät. Anschließend gießt man gründlich mit abgestandenem Wasser an. Man vermeide, an heißen Tagen oder in direkter Sonne zu pflanzen. Auch sollte man zu pflanzende Stauden nicht länger als unbedingt nötig lagern. Wenn es unvermeidlich ist, muß man sie gelegentlich überbrausen.

Der Boden

Über Böden wurde im Band »Sommerblumen« bereits ausführlich gesprochen, deswegen wird hier in den Beschreibungen lediglich für jede Staude der ihr gemäße Boden angegeben. Die meisten Stauden gedeihen in normalen Gartenböden, die krümelig und doch wasserhaltend sein müssen. Frischer Humus muß wenigstens alle drei Jahre eingebracht werden. Zu schwere Böden lockert man mit Torfmull und/oder Sand auf, leichte Böden kann man durch Lehmzufuhr verbessern. Waldhumusboden ist normaler Gartenboden, der kräftig mit Laub und Nadelerde und grobem Torf durchmischt ist. Moorboden muß sauer sein, er muß reichlich mit Moorerde und Torf durchsetzt werden. Feuchte Böden können nur durch einen entsprechend hohen Grundwasserstand erhalten werden, was nicht in jedem Garten möglich ist; wohl aber kann man sie am Teichrand erzielen. Frische Böden sollten so wasserhaltend sein, daß sie nie völlig austrocknen.

Eine der wichtigsten Pflegemaßnahmen im Staudenbeet ist die regelmäßige Bodenauflockerung durch Hacken (siehe auch Band »Sommerblumen«). Dabei muß jedoch Sorge getragen werden, daß man keine oberflächennahen Wurzeln und Zwiebeln oder Knollen zerstört. Auch sollte man genügend Trittsteine im Beet haben, damit man den Boden nicht durch dauerndes Betreten feststampft. Regelmäßiges Hacken verhindert nicht nur das Aufkommen von Unkräutern, es erhöht die Wasseraufnahmefähigkeit der Bodenoberfläche und verhindert gleichzeitig zu hohe Verdunstung, weil die oberflächennahen Bodenkapillaren durch den Auflockerungsvorgang zerstört werden.

Düngung im Staudenbeet ist ein heikles Kapitel, weil verschiedene Stauden verschiedene Nährstoffansprüche stellen. Als Grundregel sollte man sagen, daß Wildstauden weniger (wenn überhaupt) Düngung brauchen als die gezüchteten Beetstauden. In regelmäßigen Abständen eingebrachte Komposterde sollte völlig genügen. Hat man auf ärmere Böden gepflanzt, muß man Beetstauden gelegentlich düngen, auf keinen Fall darf man dazu direkt Jauche nehmen. Am besten verwendet man organische, an Torfmull gebundene Dünger oder mineralische Volldünger, entweder gestreut oder in flüssiger Form. Die Mengen werden gewöhnlich auf den Verkaufspackungen angegeben. Wer eine milde, aber ausgeglichene organische Düngung erzielen will, kann gelegentlich eine Mischung von Blutmehl, Knochenmehl und Hornspänen einstreuen.

Pflanzenabstand

Staudenkataloge und manche Gartenbücher geben die Anzahl der Einzelpflanzen je Quadratmeter an. Das kann leicht zu Irrtümern führen, weil ja der Liebhaber, von einigen Ausnahmen abgesehen, selten größere Flächen mit der gleichen Staude besetzt. Halten wir uns deshalb an folgende Regel: Ausgesprochene Prachtstauden mit Riesenwuchs pflanze man am besten allein oder wenigstens 2 m von anderen Großstauden entfernt. Hohe Stauden (90–200 cm) sollten 75–90 cm voneinander entfernt stehen, mittelgroße

(60–100 cm) 35–50 cm und kleinere 15–30 cm. Feste Regeln kann man nicht geben, zumal die Höhe einer Pflanze nicht ihre wesentlichste Charakteristik sein muß. Man vermeide zu enge Bepflanzung, weil sich die Einzelstauden gegenseitig in der Entwicklung hemmen. Schließlich kann man Bepflanzungsfehler jederzeit durch Umsetzen korrigieren. Häufig beobachtet man den Fehler, daß gleichzeitig blühende Stauden in der Anlage dicht beieinander stehen, während ganze Teile des Gartens zur selben Zeit blütenlos sind. Anhand eines Blütenkalenders kann man solche Planungsfehler vermeiden.

Das Gießen

wurde bereits im Band »Sommerblumen« dieser Reihe erörtert. Für das Staudenbeet gilt ganz besonders, daß oberflächliches Gießen so gut wie nutzlos ist, weil die viel weiter ausgebildeten Wurzelsysteme nicht genug Wasser erhalten würden. An heißen Sommertagen rechnet man mit einem Wasserbedarf von 17–25 l je Quadratmeter. Die genaue Menge hängt natürlich von der Bodenbeschaffenheit ab. Man wässert während längerer Trockenperioden besser zweimal die Woche gründlich als täglich oberflächlich. Um starken Verdunstungsverlusten am Tage vorzubeugen, gießt man am Abend. Da Regenwasser meistens nicht in ausreichender Menge vorrätig gehalten werden kann, muß Leitungswasser vorsichtig mit einer feinen Spritzdüse von oben herab über die Pflanzen gestäubt werden. Außerdem sollte man die Wurzeln direkt ohne Spritzdüse berieseln, bis der Boden gründlich mit Wasser gesättigt ist.

Winterschutz

Die meisten der heute gehandelten Staudenpflanzen sind durchaus winterhart.

Bei besonders schutzbedürftigen Pflanzen wurden unter den Beschreibungen Hinweise gegeben. In der Regel sind Stauden weniger gegen Kälte als gegen kalte Nässe empfindlich. Der beste Winterschutz ist eine zusammenhängende, dicke Schneedecke. Da man diese aber nicht garantieren kann, und da die meisten Schäden durch den Wechsel von Tauwetter und Wiedergefrieren entstehen, muß man im Herbst Vorbeugungsmaßnahmen ergreifen. Wintergrüne Pflanzen bedeckt man am besten mit Tannenreisig. Manchmal experimentiert man heute auch mit durchsichtigen Kunststoff-Folien; leider machen sie einen häßlichen Eindruck. Wenn man sie verwendet, muß man unbedingt aufpassen, daß sie die Pflanzen nicht ersticken. Am besten legt man Reisig unter oder durchlöchert sie. Kleinstauden werden mit Torfmull oder Kiefernnadeln abgedeckt (Abdecken mit faulendem Laub ist zu vermeiden); man muß sie aber im Frühjahr rechtzeitig wieder freilegen.

Pflanzenschutz

Über pflanzliche und tierische Schädlinge wurde im Band »Sommerblumen« hinreichend berichtet, so daß hier kaum etwas hinzuzufügen ist. Stauden, die von Pilz- oder Viruserkrankungen befallen sind, sollte man durch Verbrennen vernichten und durch gesunde ersetzen. Der Anwendung chemischer Mittel möchte ich nicht das Wort reden. Gegen Insekten ist eine gute Anzahl von Nistkästen für Vögel immer noch am ratsamsten.

Der Rückschnitt

Im Band »Sommerblumen« wurde bereits auf den sogenannten Pflegeschnitt hingewiesen, der im wesentlichen aus Ordnungs- oder Schönheitsgründen durchgeführt wird. Der eigentliche Rückschnitt gehört dagegen zu den wichtigen Pflegemaßnahmen in der Staudenanlage, weil er zur Verjüngung der Pflanzen und zur Förderung ihrer Wuchskraft beiträgt. Diese Tatsache ist jedem Liebhaber auch von Bäumen und Sträuchern her schon bekannt. Darüberhinaus hat bei samenansetzenden Stauden der Rückschnitt nach der Blüte die Aufgabe, die Selbstaussaat zu verhindern; und das ist äußerst wichtig, nicht etwa nur wegen der unerwünschten Vermehrung der Stauden – das wäre ja oft sogar wünschenswert – sondern vielmehr, weil aus den Samen meistens keine sortenechten Pflanzen keimen. Ehe Einzelfälle erwähnt werden, sei gesagt, daß man alle Beetstauden im Spätherbst bis zum Grunde zurückschneidet; einmal sehen sie abgestorben im Winter sehr unschön aus, zum anderen will man den Grund für die notwendige Bodenbearbeitung freihaben. Wildstauden hingegen sollte man erst im Vorfrühling schneiden, bzw. die immergrünen vom welken Laub befreien. Bei einer gewissen Gruppe von Stauden nimmt man den Rückschnitt sofort nach der Blüte vor. Dabei handelt es sich um Frühlings- oder Frühsommerblüher, denen der völlige Rückschnitt (bis etwa 10 cm über dem Boden) zu einer zweiten Blüte im Herbst verhilft. Zu ihnen gehören: *Népeta* (178), *Sálvia nemorósa* (233), *Erígeron* (109), *Centauréa montána* 'Grandiflora' (73), alle Garten-Lupinen (165) und *Chrysánthemum róseum* (81–82). Um die Blütezeit mancher Stauden zu verlegen, kann man sich folgender Tricks bedienen: sobald sie Blütenknospen angesetzt haben, schneidet man die Staude um etwa 10 cm zurück (das führt zu einer späteren Blüte) oder entfernt nur einen Teil der Knospen (das führt zu einer Verlängerung der Blütezeit). Diese Behandlung vertragen u.a.

Phlox (189) und vielblütige Astern (52, 53). Wenn man bei *Achilléa filipéndula* (20) die mittleren Köpfchen herauszwickt, führt das zu einer Förderung der seitlichen Köpfchen und gibt dem Blütenstand ein üppigeres Aussehen. Bei anderen mehrblütigen Stauden sollte man zur Verlängerung der Blütezeit verblühte Blumen sofort abschneiden; das gilt für *Heliópsis* (132) und ganz besonders für *Scabiósa caucásica* (241). Schließlich haben wir Stauden, bei denen das Laub unschön wird, wenn man die Blütenstände nicht sofort nach dem Verblühen wegschneidet, oder die durch Samenbildung ihre Lebenskraft weitgehend verlieren würden. Hierher gehören: *Stáchys lanáta* (260), *Althéa rósea* (27), *Lýchnis flós-jóvis* (168) und *Anchúsa itálica* (30); die letzte Art wird nach der Blüte dicht unterhalb des Bodens abgestochen: sie erscheint dann mit verjüngter Kraft im nächsten Jahr; ferner *Centránthus rúber* (71), *Chrysánthemum máximum* (83) und *Coreópsis* (88).

Unkräuter im Staudenbeet

Gegen Unkräuter gibt es keine Patentlösung; wir müssen lernen, mit ihnen zu leben. Sie waren früher auf dieser Welt als unsere Kulturpflanzen, und jeder erfahrene Gartenbesitzer weiß, mit welcher Hartnäckigkeit sie ihr Daseinsrecht behaupten. Was als Unkraut zu betrachten ist, läßt sich nicht immer leicht sagen.Ich selbst bin zum Ärger meiner Nachbarn einigen so zugetan, daß ich sie um keinen Preis ausrotten würde. Lassen wir am besten einen weisen Gärtner sprechen: »Unkraut ist nichts weiter als eine Pflanze am unrechten Ort« und ersetzen vielleicht »Pflanze« durch »Wildpflanze«. Aus praktischen Gründen gliedern wir Unkräuter in zwei Gruppen:

1. Einjährige (Sommerblumen). Zu ihnen gehören Wolfsmilch (*Euphorbia helioscopia* und *E. peplus*), Brennesseln (*Urtica dioica* und *U. urens*), Knopfkraut (*Galinsoga*), Vogelmiere (*Stellaria media*), Melde (*Atriplex patula*), Nachtschatten (*Solanum*-Arten), Greiskraut (*Senecio vulgaris*), Taubnessel (*Lamium*-Arten), Ehrenpreis (*Veronica agrestis*) und viele andere. Ihnen ist leicht beizukommen, und sie bereiten nur im ersten Jahre des Staudenbeetes ernsthafte Schwierigkeiten. Am besten jätet man sie beim ersten Auftreten oder spätestens vor der Samenreife aus. In der wohlentwickelten Staudenanlage des zweiten und dritten Jahres können sie kaum noch aufkommen.

2. Ausdauernde (Stauden). Zu ihnen zählen Zaunwinde (*Calistegia*), Ackerwinde (*Convolvulus*), Löwenzahn (*Taraxacum*), Quecke (*Agropyron repens*), Wegerich (*Plantago*-Arten), Ampfer (*Rumex*-Arten), Giersch (*Aegopodium podagraria*), um nur die wichtigsten zu nennen. Wo sie auftreten, helfen bloßes Ausreißen und Weghacken nicht, weil sie entweder Pfahlwurzeln besitzen oder mit tiefem, verzweigtem Wurzelsystem den Boden durchziehen. Nur völliges Ausheben der gesamten Pflanze mit der Grabgabel führt zum Erfolg. Man sollte unbedingt darauf achten, daß der Boden selbst von den kleinsten Wurzelstückchen dieser Unkräuter befreit wird; das gilt ganz besonders, wenn die Anlage mit Quecken oder anderen ausläuferbildenden Gräsern befallen wird. Von der Anwendung chemischer Mittel, der sogenannten Herbizide, sei abgeraten. Ausgegrabene Unkräuter sollten sofort verbrannt werden; aus offensichtlichem Grunde darf man sie nicht auf den Komposthaufen werfen. Wie überall kann man sich vor mehrjährigen Unkräutern durch Vorbeugen schützen: man rotte sie gründlich aus, ehe mit der Staudenbepflanzung begonnen wird. Wer seinem Erbfeind einen zünftigen Streich spielen will, werfe ihm die Zwiebelchen vom Sauerklee (*Oxalis corymbosa*) über den Zaun. Und da wir schon beim Thema sind: Gegen die Unkrautinvasion vom Nachbargarten kann auch der beste Rechtsanwalt nichts unternehmen. Man muß zur Selbstverteidigung schreiten, indem man entlang der eigenen Anlage durchgehend lotrechte Beton- oder Eter-

nitplatten (wenigstens 40 cm tief) eingräbt. Etwas billiger, aber weniger dauerhaft sind Doppellagen von Teerpappe. Schließlich noch ein Wort zum Nutzen mancher Unkräuter: ihr spezifisches Auftreten erlaubt Rückschlüsse auf die Bodenbeschaffenheit. Disteln und Brennesseln deuten nährstoffreichen Humusboden an. Dotterblume, Wiesenschaumkraut und Moosbewuchs lassen auf saure Böden schließen. Ackerröte (*Sherardia arvensis*), Mauerpfeffer und Wundklee (*Anthyllis*) sind kalkhold.

Die Vermehrung unserer Stauden

Selten erwähnen Gartenbücher die Kosten eines Gartens, und fast nie ist der Besitzer eines wohlgepflegten Gartens in der Lage zu sagen, wieviel Geld – die eigene Zeit rechnet man ja nicht – ihn die Anlage gekostet hat. Sieht man von Anschaffungspreis für Baumaterialien, Geräten, Dünger usw. ab und betrachtet nur den im Fachhandel erworbenen Baum-, Strauch- und Staudenbestand, so wird man selbst für einen bescheiden großen Garten einige hundert Mark zu veranschlagen haben. Für große Anlagen mit Teich-, Stein- und Terrassengarten kommt man in die Tausende. Wer ein neues Grundstück auf gerade erschlossenem Baugebiet gekauft hat und eine Gartenfirma mit der Anlage des Gartens betraut, wird in Erfahrung bringen, daß er eine Summe bereitstellen muß, die 5–7% der Baukosten des Hauses entspricht. Diese Kalkulation bezieht sich

auf eine Gartenfläche, die vier- bis fünfmal so groß ist wie die Hausgrundfläche. Da Gärten meistens im Verlauf mehrerer Jahre angelegt werden, fallen die Ausgaben im Monatsbudget nicht sonderlich auf. Gewiß, für den reinen Liebhaber spielen Zahlen nur die Rolle des Spaßverderbers. Schließlich ist der Garten für ihn Quelle der Erholung und gibt ihm Freuden, die sich nicht erkaufen lassen. Dennoch kann ein bißchen Finanzplanung nicht schaden. Je größer und reichhaltiger eine Staudenanlage wird, um so billiger läßt sie sich unterhalten. Ja, nach einer gewissen Zeit kann sie sich nicht nur selbst finanzieren, sondern sogar einen kleinen Gewinn abwerfen. Neue und interessante Pflanzen können durch Tausch erworben werden, und der eigene Überschuß läßt sich immer weitergeben. Es gilt der Rat: kaufe teure Stauden im Fachhandel in

Einzelstücken und vermehre sie nach Bedarf. Bekanntlich wurde Rom nicht an einem Tage erbaut; warum sollte man seinen Garten nicht von Jahr zu Jahr vervollständigen?

Zur Staudenvermehrung kommen folgende Verfahren in Betracht:

1. Teilung : Dies ist für den Nichtfachmann die leichteste Methode, zumal sie ohne Gewächshaus oder Pflanzkasten durchführbar ist. Als Grundregel gilt, daß man entweder nach der Blüte im Herbst oder vor dem Austrieb im Frühling teilt (Ausnahmen sind unter den Beschreibungen erwähnt). Zudem achte man beim Umpflanzen üppiger oder müder älterer Stauden darauf, daß man sie grundsätzlich teilt, da sie sonst verkümmern oder nur schlecht anwachsen. Der erfahrene Gärtner erkennt teilbare Pflanzen, denn sie deuten meist durch ihren Bau an, wie und wo sie geteilt werden können. Rosettenbildner wie *Sempervivum* (250, 252, 256), *Andrósace* (32) oder viele *Saxifraga*-Arten (238) nehmen uns die Arbeit fast ab. Man entferne die Tochterrosetten vorsichtig von der Mutterpflanze und setze sie an der gewünschten Stelle aus. Polster- und Mattenpflanzen lassen sich durch Zerreißen teilen, vorausgesetzt, daß es sich um Arten handelt, die an den niederliegenden Zweigen Wurzeln bilden (z. B. *Lysimáchia* 167). Die beste Zeit für diese Gruppe ist der Spätsommer, damit die Pflanzen noch vor den ersten Herbstfrösten Wurzeln gefaßt haben. Vorsichtshalber sollte man sie an besonders exponierten Stellen mit Glasscheiben abdecken. Dickblattgewächse (244 und 248) sind ebenfalls verhältnismäßig einfach zu vermehren: Stamm- oder Blattschnitte bewurzeln sich leicht in feucht zu haltenden sandig-humosen

Böden. Horstbildende Gräser und Sauergräser lassen sich mit einem scharfen Spaten nach Ausheben des Ballens ohne weiteres mehrfach teilen; man sollte es jedoch nur im Frühjahr tun. Unter den Stauden, deren Überwinterungsknospen unterhalb der Erdoberfläche liegen, gibt es einige, die sich nicht, oder nur sehr schwer teilen lassen (z. B. *Aquilégia*), weil ihre Triebköpfe nicht oder ungenügend bewurzelt sind; auch Arten mit Pfahlwurzeln gehören zu dieser Kategorie (1). Andere bereiten überhaupt keine Schwierigkeiten, wie z. B. Pflanzen mit kriechendem Wurzelstock (17) oder solche, deren Triebköpfe reichlich bewurzelt sind (4 und 8) Robuste Stauden haben oft verholzte Wurzelstöcke, die man mit einem kräftigen Messer oder mit dem Spaten teilen muß (Paeonien, Iris-Arten u.a.). Bei stark belaubten Arten achte man beim Teilen darauf, daß einige, etwas zurückgeschnittene Triebe am Teilstock verbleiben.

2. Vermehrung durch Wurzelschnittlinge kommt für Stauden in Frage, die sich nicht zur Teilung eignen (siehe oben). Man vermehrt sie, indem man ihre Wurzeln in kurze Stücke (3–7 cm) schneidet und im Kalthaus in Kästen oder flachen Schalen auf Humuserde überwintert. Im Frühling werden sie dann ausgesetzt, wenn sich Wurzeln gebildet haben. Wer kein Kalthaus besitzt, kann auch einen in Hausnähe liegenden tiefen, verglasten Kasten, die Veranda oder einen hellen Kellerraum verwenden, vorausgesetzt, daß die Schnittlinge frostfrei gehalten werden können.

3. Stecklingsvermehrung ist notwendig bei Stauden, die sich weder teilen lassen noch Samen bilden (fast alle gefüllten Sorten). In größeren Gärten benutzt man hierfür den verglasten Freilandkasten; wer keinen besitzt, muß sich mit Kästen und Schalen begnügen, die mit einer entsprechend großen Glasscheibe abgedeckt werden können. Man drückt den Steckling in eine Mischung von Sand und Torfmull, die gleichmäßig feucht zu halten ist. Starke Sonneneinwirkung ist zu vermeiden; an heißen Tagen muß etwas gelüftet werden. Haben sich die Stecklinge genügend bewurzelt, kann man sie auspflanzen. Im allgemeinen schneidet man Stecklinge sofort nach der Blüte, Frühblüher haben sich meistens bis zum Herbst genügend bewurzelt, um an geschützten Stellen ausgepflanzt zu werden. Spätblüher kann man erst im Herbst schneiden, und die Stecklinge müssen dementsprechend frostfrei über den Winter gebracht werden. Bei vielen setzt die Wurzelbildung schon im Winter ein, bei anderen erst im Frühjahr. Selbst im Winter muß man an frostfreien, sonnigen Tagen etwas lüften und an warmen Vorfrühlingstagen für leichten Schatten sorgen. Übrigens lüfte man den Freilandkasten immer in der dem Wind entgegengesetzten Richtung. Kästen und Schalen bewahrt man natürlich während des Winters nicht im Freien auf.

4. Blattstecklingsvermehrung kommt für den Staudenliebhaber selten in Frage; man sollte sie dem Fachmann überlassen. Dennoch kann man sich mit etwas Fingerspitzengefühl an Farnen, *Sédum*-Arten oder gar *Ramónda* (221) versuchen. Voll ausgewachsene Blätter legt man flach, mit einem Steinchen beschwert, auf mit Torfmull vermischten Sand und bewahrt sie

ähnlich wie Wurzelschnittlinge (siehe oben) auf, bis sie Triebspitzen und Wurzeln bilden. Nie verwende man Blätter von noch blühenden Pflanzen.

5. Vermehrung durch Aussaat: Der fortgeschrittene Liebhaber wird auch diese Methode anwenden. Da die Grundlagen bereits im Band »Sommerblumen« behandelt wurden, beschränken wir uns hier auf wenige Einzelheiten. Naturgemäß müßte der Samen sofort nach der Reife ausgesät werden, was jedoch praktisch nicht möglich ist. In einigen Fällen muß man es jedoch tun (*Gentiana acaulis, Delphinium x hybridum, Helleborus, Hepatica, Dictamnus, Dicentra, Adonis, Androsace,* Alpenprimeln). Man unterscheidet zwischen Frühwinteraussaat (für alle Frostkeimer) und Frühjahrsaussaat (III–V).

Für die Winteraussaat sät man in Kästen oder flache Schalen in sterilisierte (dämpfen!) sandige Erde und setzt die Behälter im Freilandkasten (mäusesicher) aus. Gegen Ende des Winters kommen sie unter Glas und werden, wenn sie gekeimt haben, in Kistchen pikiert und weiterhin im Freilandkasten gegen Frost und Kälte geschützt gezogen, bis sie ins Freiland ausgesetzt werden können.

Folgende Stauden benötigen Frühwinteraussaat: *Aconitum, Anemone pulsatilla, Aruncus silvester, Bergenia, Campanula* (nur Gebirgsarten), *Cimicifuga cordifolia, Gentiana, Hosta, Iris, Linum flavum, Primula elatior, P. denticulata, P. japonica, Rodgersia, Saxifraga, Scabiosa caucasica, Silene, Trollius, Veronica* (Steingartenarten).

Knollen- und Zwiebelpflanzen im Staudenbeet

Die Zwiebel- und Knollenpflanzen werden im Band »Sommerblumen« ausführlich behandelt. Das geschieht aus rein buchtechnischen Gründen: logischerweise sollten sie hier mit den anderen Stauden stehen. Ohne sie ist keine ausgeglichene Staudenanlage denkbar. Noch viel zu oft sieht man in unseren Liebhabergärten ganze Beete von Zwiebelpflanzen, und dabei oft alle von der gleichen Art, als würden sie zum Verkauf feilgehalten. Gewiß, wer einmal die Tulpenblüte in Holland erlebt hat, wird mir widersprechen. Aber die holländischen Züchter sind Geschäftsleute, die ihre Tulpen an den Mann bringen müssen: deshalb der ökonomische Massenanbau und die Schau. Aber der Hausbesitzer hat diese Sorgen nicht; er kann es sich erlauben, seinen Garten mit Kunstsinn und Geschmack zu gestalten, was freilich eine jährliche Tulpenfülle nicht ausschließen muß. Wie bei allen Stauden, gibt es auch hier Wildpflanzen und stark durch Züchtung veränderte Arten, die man wegen ihrer völlig verschiedenen Wirkung nicht zusammen einsetzen kann. Die verschiedene Lebensweise einzelner Zwiebel- und Knollenpflanzen macht ihre getrennte Anwendung notwendig. Es hat keinen Sinn, eine Gladiole mitten ins Staudenbeet zu setzen, weil das jährliche Ausheben der Knolle die ganze Anlage stören würde. Obwohl gewisse Frühblüher wie *Galánthus*, *Eránthis* und *Scílla* im Frühjahr geeignet wären, den Farbreigen in der Staudenanlage zu eröffnen, sind sie hier völlig fehl am Platze, weil man ihre flach einliegenden Zwiebeln bei den regelmäßig durchzuführenden Hackarbeiten stören oder gar entfernen würde. Hochgezüchtete Pflanzen wie Tulpen und Lilien stellen hohe Ansprüche an Boden, Düngung und Pflege, die sich mit den Kulturbedingungen vieler Wildstauden nicht in Einklang bringen lassen. Zunächst betrachten wir Arten, die schon allein wegen ihrer Größe und Auffälligkeit als Solitärstauden zu behandeln sind. Sie wollen irgendwo im Garten als Blickfang wirken oder an den Flanken der Staudenanlage stehen. Ich denke hier an *Fritilária*, die Madonnenlilie (I: 230), Feuerlilie (I: 238) und die Tigerlilie (I: 237). Allein oder in Gruppen zu 3–5 wirken sie am eindrucksvollsten. Hyazinthen mit ihren geballten niedrigen Blütenständen würden zwischen krautigen Stauden überhaupt nicht zur Geltung kommen. Man sollte sie in dichten Gruppen auf der Terrasse oder in Hausnähe unterbringen. Auch an der Peripherie eines Rundbeetes, mit Yucca im Zentrum, sind sie, gemeinsam mit Tulpen, sehr eindrucksvoll. Auch manche Narzissen wirken in Gruppen am besten; man kann am Rande der Rasenfläche oder unter mit Ziergräsern bepflanzten Baumgruppen Farbinseln mit ihnen gestalten; auch nach der Blüte bilden ihre blaugrünen Horste kontrastreiche Aspekte im einförmigen Grün des Spätsommers. Welche Narzissen am besten für Pflanzung im Rasen geeignet sind, geht aus den Beschreibungen im Band »Sommerblumen« hervor. Rosen sind im Austrieb nicht sonderlich schön, weil sie zuviel unbepflanzten Boden durchblicken lassen. Wenn sie nicht zu dicht stehen, sollte man diskret Tulpen einsetzen. Man muß aber dabei beachten, daß man die Zwiebeln bei der notwendigen Bodenpflege nicht zerhackt und umgekehrt beim Entfernen der Zwiebeln nach der Blüte die Rosen so wenig wie möglich stört. An den Rand von Ziergehölzen gehören folgende Pflanzen: Frühblühende Krokusarten, die sich auch auf die offene Rasenfläche ausbreiten können, *Ornithógalum* (I:254), *Muscári botryoídes* (I:241), *Galánthus* (I:220), *Leucójum* (167), *Scílla sibírica* und *S. bifólia* (I:259), *Endymion* und *Tulipa silvestris* (I:264). In den Rasen kann man auch *Galánthus*, *Leucójum* und *Scílla* setzen, wenn er nicht zu oft geschnitten wird. Übrigens sollte die Zeitlose (I:203) weder am Gehölzrand noch im offenen Rasen fehlen. Zahlreiche Zwiebel- und Knollenpflanzen lassen sich im Stein- und Terrassengarten zwischen Polsterpflanzen sehr wirkungsvoll verwenden; das gilt ganz besonders für mehrere Laucharten (I:192–194), Herbstkrokusse (I:205), *Cólchicum*-Arten (I:203), *Muscári* (I:241), *Chionodóxa* (I:202), *Erythrónium* (I:216), Zwergnarzissen (I:245, 248), gewisse Tulpen. Andere Arten wie *Cyclámen* (I:207) und kleinblumige Fritillarien (I:219) sollten ihren Platz zwischen Zwerggehölzen im Steingarten finden. Selbst am Teichufer oder Bach sollte man Zwiebelpflanzen finden. Je nachdem, ob der Boden sehr oder wenig feucht ist, muß man entscheiden, welche Pflanze geeignet ist; siehe z.B. Pantherlilie (I:239), *Gladíolus palústris* (I:221), *Leucójum* (I:167), *Állium ursínum* (I:192) und einige *Fritillária*-Arten.

Die Stauden im Jahreslauf

März. Wenn es die Witterung erlaubt, kann man gegen Mitte des Monats mit dem Entfernen von Deckmaterialien beginnen, doch muß man empfindliche, frühaustreibende Stauden (siehe Beschreibungen) nachts abdecken. Über treibende Zwiebelpflanzen wird am Abend ein Blumentopf gestülpt. Aus dem Rasen ist eventuell gebildetes Moos mit dem Rechen zu entfernen; außerdem kann man jetzt gut verrotteten Stalldung oder Düngetorf gleichmäßig über die Rasenfläche streuen und ihn nach mehreren Regenfällen wieder abharken. Ziergehölze, Sträucher und geeignete Stauden (siehe Beschreibungen) können jetzt gepflanzt werden. Bereits im Herbst umgegrabene Beete sollten wegen der Austrocknungsgefahr jetzt nicht nochmals umgegraben werden; leichtes Auflockern der Oberfläche genügt. Der Rosenschnitt wird vorgenommen. Fast nirgends kann man schon mit der Aussaat beginnen.

April. Schon jetzt achte man auf Unkräuter! Bei der Bodenauflockerung passe man auf, daß keine flachliegenden Zwiebeln und Knollen beschädigt werden. Stauden und Ziersträucher müssen jetzt gepflanzt werden. Im Staudenbeet und Steingarten wird gedüngt: aufgelockerte Beetoberflächen werden gemulcht (mit Düngetorf bestreut). Von den Wildstauden ist verwelktes Laub zu entfernen. Beim Auspflanzen von Gladiolen, Dahlien und ähnlichen empfindlichen Zwiebel- und Knollenpflanzen ist auch gegen Ende des Monats noch Vorsicht geboten. Wer mit Samen vermehrt, kann jetzt mit der Aussaat im Freiland beginnen.

Mai. Je nach Lage können von Mitte bis Ende des Monats Gladiolen, Begonien, Dahlien usw. ausgepflanzt werden. Die meisten Frühlingsblüher sind nun abgeblüht: wo Selbstaussaat unerwünscht ist, muß man jetzt die Blütenstände entfernen (siehe auch Rückschnitt, S. 16). Noch immer besteht Nachtfrostgefahr (Eisheilige!), darum schütze man besonders austreibende Zwiebelpflanzen (Blumentopf). Bei anhaltender Trockenheit ist reichlich zu gießen. Für den ersten Rasenschnitt wird es Zeit. Unkräutern ist erneute Aufmerksamkeit zuzuwenden, was bei der Bodenauflockerung geschehen kann.

Juni. Von nun an muß der Rasen wöchentlich geschnitten werden. Die Bodenpflege (Auflockerung) und Unkrautbeseitigung nehmen noch immer die meiste Zeit in Anspruch. Bei regnerischem Wetter soll man flüssige Dunggaben verabreichen. Von allen Frühlingsblühern sind jetzt vergilbtes Laub und Blütenstände zu entfernen. Zwiebel- und Knollenpflanzen sind jedoch vom Rückschnitt ausgeschlossen, da sie selbst einziehen; ihr verwelktes Laub ist später auszuräumen. Nicht standfeste Stauden müssen nun mit Holzstäben gestützt werden; man vermeide jedoch das oft zu beobachtende Zusammenbin-

den gebüschelt stehender Stauden wie *Erigeron* und *Delphinium*. Bei anhaltender Trockenheit muß täglich, am besten am Spätnachmittag, gegossen oder gesprüht werden. Bei Befall gehe man gegen Mehltau (Rosen) und gegen Blattläuse vor.

Juli. Die Reste der letzten Frühjahrs- und Frühsommerblüher werden jetzt beseitigt; vor allem achte man auf das Ausschneiden der Fruchtstände, ehe die Samen ansetzen. Wer Samen zur Aussaat sammeln will, muß auf der Hut sein, daß er sie nicht durch Selbstaussaat einbüßt. Alle Stauden, die im Herbst zur zweiten Blüte kommen sollen, müssen bald nach der Hauptblüte bis etwa 15 cm über den Boden zurückgeschnitten werden (z. B. *Delphinium* und *Trollius*). Im Frühling im Freilandkasten ausgesäte Stauden werden ausgepflanzt. Düngung ist jetzt fehl am Platze; aber Auflockerungsarbeiten und Unkrautbeseitigung werden fortgesetzt. Da der Monat meistens verhältnismäßig niederschlagsfrei ist, muß täglich gewässert werden (auch den Rasen nicht vergessen!).

August. Jetzt erleben wir die Hoch-Zeit im Staudenbeet. Die nötigen Pflegemaßnahmen sind die gleichen wie im Juli.

September. Viele Beetstauden erreichen jetzt ihre höchste Blüte, andere sind im Abklingen. Zunächst sind die Pflegearbeiten auf das Ausschneiden des vergilbten Laubes der Frühsommerblüher beschränkt. Bei Sommerstauden kann man nun durch Beschneiden von Knospen- und/oder Seitentrieben die Blütezeit verlängern (siehe Rückschnitt, S. 16). Unkraut ist jetzt ungefährlich, sollte aber dennoch ausgerupft werden. Gegen Ende des Monats wird es Zeit, Gladiolen, Dahlien,

Freesien, Canna usw. zum Überwintern herauszunehmen. Zwiebel- und Knollenpflanzen, für die diese Pflanzzeit angeraten ist, kommen jetzt in den Boden. Auf erste Nachtfröste ist zu achten.

Oktober. Was jetzt noch zum Blühen kommt, ist Geschenk: das Blütenjahr ist um. Beetstauden werden von Monatsmitte an zurückgeschnitten. Das Mähen des Rasens wird langsam eingestellt. Anfang des Monats können Stauden (auch Zwiebeln und Knollen) noch gepflanzt werden. Neugepflanzte Zwiebeln und Knollen müssen bereits abgedeckt werden.

November. Alle Gartenarbeiten sind jetzt auf das Ausräumen der Staudenbeete beschränkt. Doch beachte man, daß Stauden mit wintergrünen Rosetten nicht gestört werden; das gilt ganz besonders für Steingartenstauden, *Kniphófia* und *Lílium cándidum* (siehe I: 230). Was dem wachsamen Gärtner an Unkraut entgangen ist, muß jetzt ausgemerzt werden. Der Boden wird zwischen den Stauden (Vorsicht: Zwiebeln und Knollen nicht stören!) mit der Hacke aufgelockert und so belassen. Freilich kann jetzt Düngung in Form von Dauerhumus aufgetragen werden. War der Spätherbst ungewöhnlich warm und trocken, kann man Anfang des Monats den Rasen nochmals schneiden.

Wie wählt und wo kauft man seine Stauden?

Kein vernünftiger Mensch würde eine Taschenuhr vom Straßenhändler kaufen, und das gleiche versteht sich wohl auch für den Erwerb von Stauden. Nur von guten Staudengärtnereien bekommt man gesundes, unkrautfreies Material. Nur sollte man sich im Zeitalter der schnellen Verkehrsverbindungen nicht verleiten lassen, seine Stauden unbedenklich von Versandbetrieben zu beziehen, die sehr weit vom eigenen Wohnort entfernt liegen. Naturgemäß wird ein guter Staudengärtner nur seinem Landesklima angepaßte Pflanzen kultivieren und verkaufen. Eine Staude, die in Niederbayern oder Mainfranken zufriedenstellend gedeiht, mag in Ostholstein zu einem Kümmerdasein verurteilt sein. – Aus der großen Zahl von Stau-denbetrieben in der Bundesrepublik kann hier nur – in Anlehnung an R. Hansen – eine Auswahl der bekanntesten gegeben werden:

G. Arends, Wuppertal-Ronsdorf; M. Baltin, Ehmen über Fallersleben; L. Behrens, Aachen; O. von Delius, Nürnberg; E. Dröge, Berlin-Lichterfelde-West; A. Ernst, Dettenhausen/Württ.; J. Fehrle, Schwäb. Gmünd; H. Finken, Rodenkirchen; Th. Germann, Speyer; H. Götz, Schiltach/Schwarzwald; H. Hagemann, Hannover-Krähenwinkel; F. Heiler, Kempten/Allgäu; H. Helfert, Duisburg-Meiderich; L. Herms, Eutin/Holstein; H.A. Hesse, Weener (Ems); H. Junge, Hameln; K.H. Jürgl, Sürth/Rhein; Kayser & Seibert, Roßdorf b. Darmstadt (bester Katalog!); H. Klose, Lohfelden b. Kassel; R. Kock, Lübeck-Stockelsdorf; B. E. Kuhlwein, Bremen-Horn; J. Lintner, Nieder-Ofleiden; H. Näpfel, Gunzenhausen; A. Otto, Nürtingen/Neckar; E. Pagels, Leer/Ostfriesland; H. U. Pötschke – O. Walther, Neuß; F. Preißner, Frankfurt/Main-Sossenheim; E. Roberts, Saarbrücken; W. Siebler, Schwarmstedt; K. Stadler, Aidenried/Ammersee; P. Stier – A. Baetzner, Stuttgart-Vaihingen; W. Tangermann, Nordstemmen/Hann.; P. Theobolt, Aulendorf; K. Wachter, Etz b.

Pinneberg; Gräfin von Zeppelin, Laufen/Baden.
Für Iris (besonders *I. laevigata* und *I. kaempferi*-Sorten) ist die Gärtnerei Steiger in Lauf/Pegnitz zu empfehlen, für Steingartenpflanzen F. Sündermann in Lindau/Bodensee.
Ausländische Firmen wurden von der Liste ausgeschieden; wegen bestehender Zollbestimmungen und Quarantäne-Gesetze lohnt sich die Mühe der Einfuhr für den Liebhaber meistens nicht.

Stauden-Zusammenstellungen

Solitärstauden
In einer Staudenanlage muß jede Einzelpflanze nach Größe, Blüten- und Laubfarbe, Blühzeit und Wuchsform aufeinander abgestimmt sein. Es gibt nun aber eine ganze Reihe von Pflanzen, die aufgrund ihrer imposanten Erscheinung sich nicht leicht in ein Schema einfügen lassen. Sie müssen allein stehen und deshalb im Garten an Stellen untergebracht werden, wo sie nicht die Aufmerksamkeit des Betrachters vom harmonisch gestalteten Staudenbeet ablenken. In mancher Hinsicht übernehmen sie die Rolle von Gartenmonumenten, die man in so vielen modernen Gärten vermißt. Solche Solitärstauden sind:

Yúcca filamentósa (281)
Macleáya cordáta (173)
Altháea rósea(27)
Verbáscum-Hybriden (271, 272)
Phragmítes austrális (300)

Arúndo dónax (unter 321)
Heliánthus salicifólius (131)
Arúncus silvéster (47)
Ligulária (161)
Éremúrus (107, 108)
Echínops (104)
Rudbéckia (229–231)
Solidágo x hýbrida (259)
Miscánthus (321–322)
Pennisétum (323)

Schließlich auch einige hier nicht abgebildete Solitärstauden: **Eselsdistel** *Onopórdon acánthium* und die ähnliche *O. brackátum*, sie werden bis über 200 cm hoch. **Herkulesstaude** *Heracléum mantegazziánum*, bis 300 cm hoher Doldenblütler mit großen Dolden und fächerförmigen Blättern. Die Pflanze wächst ohne Schwierigkeit auch auf den ärmsten Böden, am besten aber auf sandig-lehmigen Böden. Ähnlich, aber weniger üppig (etwa 150 cm) sind *H. villósum* und *H.*

lanátum. Kein größerer Staudengarten sollte ohne Bambus-Arten sein. Ganz besonders in Hausnähe oder neben Pergolen und am Teich sind diese Prachtgräser sehr wirkungsvoll. Zu empfehlen sind: **Immergrüner Schirmbambus** *Sinarundinária muriélae.* Die Pflanze wird bis 250 cm hoch und bildet dichte Dschungel. **Schirmbambus** *Sinarundinária nítida.* Er wird bis 200 cm hoch und wächst etwas lockerer als die vorige Art. **Kriechender Zwergbambus** *Sása pygmáea.* Diese ausläufertreibende Pflanze wird nur 50 cm hoch. **Breitblattbambus** *Pseudosása japónica.* Die Pflanze ist nicht überall winterhart, kann aber im Westen und Südwesten der Bundesrepublik ohne weiteres kultiviert werden. Sie wird an geschützten Stellen bis 200 cm hoch. **Pampasgras** *Cortadéria sellóana.* Mit seinen bis über 200 cm hohen, weiß-silbrigen, fedrigen Blütenständen dominiert es in jedem Garten. Man pflanzt es in ähnlichen Positionen wie **Yucca** (siehe 281). Man muß die Pflanze im Frühjahr in sehr nährstoffreichen Boden pflanzen und bis zur Blüte ständig feucht halten. Vor der Pflanzung sollte man dem Boden Vorratsdünger in Form von Hornspänen und Knochen- oder Blutmehl beigeben. Im Winter bindet man die Blätter mit Bast bündelartig zusammen und umgibt die ganze Pflanze bis zu einem Viertel mit einer Schutzschicht von Laub und Reisig. Erst im vierten oder fünften Jahr kommt diese Gartenzierde zur vollen Wirkung. Nur für große Gärten kann man die üppigste aller Solitärstauden, das **Mammutblatt** *Gunnéra chilénsis* (G. *tinctória*) empfehlen. Die Riesenpflanze wird bis über 200 cm hoch und, was noch wichtiger ist, bedeckt im Garten eine Fläche von 2–5 m im Durchmesser. Ihre auf rauhen Stielen stehenden, gelappten Blätter sind 100–150 (–200) cm

lang und fast ebenso breit. Die nicht dekorativen Blüten stehen in einem rötlichen Kolben. Aus der Beschreibung wird klar, daß die Gunnera nicht mit anderen größeren Stauden zusammen gepflanzt werden sollte. Sie wächst am besten in Moorboden, gedeiht aber auch in feuchter Gartenerde. Ihr bester Standort ist in Teichnähe. Im Winter muß man sie sehr gut abdecken. Am besten verwendet man Laub mit Reisig und stülpt eine Holzkiste darüber. ☼—◐ IX.

Stauden für ständig feuchte Stellen im Garten (eigentliche Sumpf- und Wasserpflanzen siehe auch 282–303):

> *Ájuga réptans* (26)
> *Cáltha palústris* (287)
> *Cárex gráyi* (317)
> *Filipéndula ulmária* (unter 114)
> *Fritillária meleágris* (I: 158)
> *Iris káempferi* (151) und *I. laevigáta* (152) – nur bedingt anwendbar (siehe Beschreibung)
> *I. ruthénica* (Band I)
> *Lysimáchia nummulária* (167)
> *Lýthrum salicária* (172)
> *Myosótis palústris* (293)
> *Polýgonum bistórta* (197)
> *Prímula rósea* (203)
> *Tradescántia virginiana* (266)
> *Tróllius európaeus* (269)

Außerdem die nicht abgebildeten Arten: **Erzengelwurz,** *Angélica archangélica;* dieser schöne Doldenblütler ist nur für größere Gärten geeignet. **Pestwurz,** *Petasítes officinális;* mit größter Vorsicht anzuwenden, da gefährliche Wucherpflanze. **Wilder Reis** *Léersia oryzoídes* und **Riesenpfeifengras** *Molínia altíssima.*

Schattenstauden

a. Stauden, die für den Haus- oder Mauerschatten geeignet sind:

Aconítum (24)
Anchúsa myositiflóra (31)
Astílbe (54)
Dorónicum (102)
Géum coccíneum 'Borisii' (unter 121)
Héuchera (140)
Hósta (143)
Farne (304–313)

b. Stauden für dieselben Standorte, aber auch unter lichten Ziergehölzen (Ansprüche der Pflanzen in Bezug auf Boden und Feuchtigkeit ist aus den Beschreibungen zu ersehen):
Ájuga (26)
Anemóne nemorósa (183)
A. ranunculoídes (35)
A. silvéstris (36)
Arúncus silvéster (47)
Ásarum európaeum (45)
Aspérula odoráta (40)
Astrántia májor (57)
Cimicífuga (85, 86)
Convallária (87)
Corýdalis cáva (89)
Dicéntra (98, 99)
Digitális ferrugínea (unter 101)
Epimédium (105, 106)
Eránthis (I: 214)
Euphórbia (112)
Helléborus (135, 136)
Hepática (137, 138)
Hósta (143)
Láthyrus vernus (157)
Lílium mártagon (I: 232)
Merténsia (176)
Omphalódes verna (181)
Páris (unter 267)
Peltiphýllum peltátum (187)
Polygónatum (196)
Prímula bullesiána (209)
P. bulleyána (unter 209)
P. floríndae (202)
P. japónica (211)

P. sikkiménsis (unter 202)
P. viálii (204)
Pulmonária (214, 215)
Rodgérsia (226–228)
Thalíctrum (262, 263)
Tríllium (267)

Stauden für halbschattige bis halbsonnige Lagen (unter einzelstehenden, lichten Ziergehölzen, am Gehölzrand und ähnlichen Standorten):
Acánthus (23)
Ájuga (26)
Campánula glomeráta (66)
C. persicifólia (69)
Centauréa montána (73)
Diánthus deltoídes (97)
Eupatórium (113)
Filipéndula (114)
Geránium grandiflórum (unter 120)
G. platypétalum (unter 120)
G. sanguíneum
Láthyrus latifólius (156)
Incarvilléa (146)
Inula orientális (unter 147)
Ligulária (161)
Lysimáchia punctáta (166)
Phýsalis (191)
Physostégia (192)
Platycódon (198)
Polemónium (194, 195)
Prunélla (213)
Sanguisórba obtúsa (235)
Stáchys grandiflóra (261)
Téucrium chamáedrys
Verónica longifólia (275)
Vínca májor und V. minor (277)
Víola odoráta (279)
Zu dieser Gruppe gehören auch zahlreiche Zwiebel- und Knollengewächse wie Allium, Galanthus, Crocus, Lilium usw., die im Band »Sommerblumen« behandelt sind.

Stauden für den Steingarten (für Licht- und Bodenansprüche siehe Beschreibungen; Trockenmauerstauden siehe nächste Gruppe):

Achilléa tomentósa (22)
Alýssum saxátile (28)
Aquilégia scopulórum (unter 37)
Árabis androsácea (41, 42)
Á. caucásica (42)
Arméria marítima (44)
Artemísia láxa (unter 46)
A. spléndens (unter 46)
Áster améllus (50)
Á. dumósus (unter 50)
Astílbe x críspa 'Perkeo' (56)
A. x simplicifólia (55)
Aubriéta (58, 59)
Azorélla trifurcáta (60)
Campánula carpática (64)
C. portenschlagiána (70)
Carlína acáulis (65)
Centáurea bélla (unter 75)
C. pulchérrima (75)
C. simplicicáulis (unter 75)
Cerástium tomentósum var colúmnae (unter 76)
Delphínium cashmeriánum (unter 91)
D. grandiflórum (unter 91)
D. tatsienénse (unter 91)
Diánthus campéstris (unter 96)
D. gratiánopolitánus (unter 96)
D. microlépis (unter 96)
D. músalae (unter 96)
D. símulans (unter 96)
Dicéntra spectábilis (98)
Dictámnus álbus (100)
Digitális amándiana (unter 101)
Dorónicum caucásicum (102)
Drýas drummóndii (unter 103)
D. octopétala (unter 103)
D. x suendermánnii (103)
Erýngium alpínum (unter 111)
E. gigánteum (unter 111)
E. tricuspidátum (unter 111)
Euphórbia capituláta (unter 112)
E. myrsinítes (unter 112)
E. polychróma (112)
Gentiána angustifólia (119)
G. dinárica (unter 119)
G. lagodechiána (unter 118)
G. septémfida (118)
G. síno-ornáta (unter 119)
Géum coccíneum 'Borissii' (unter 121)
Gypsóphila répens (122)
Heliánthemum-Arten und Hybriden(128)
Héuchera x brizoídes (141)
H. sanguínea (140)
Héucherella tiarelloídes (unter 141)
Hutchínsia alpína (144)
H. auerswáldii (unter 144)
Hypocrépis comósa (139)
Ibéris saxátilis (unter 145)
I. sempervírens (145)
Iris púmila (148)
Kniphófia galpínii (unter 155)
Leontopódium alpínum (159)
L. calocéphalum (unter 159)
L. palibiniánum (unter 159)
L. sibíricum (unter 159)
L. souliéi (unter 159)
Linária alpína (unter 162)
L. dalmática (unter 162)
Línum-Arten (unter 163)
Lótus corniculátus (164)
Lýchnis alpína (170)
L. viscária (Viscária vulgaris) 'Plena' (280)
Merténsia primuloídes (176)
Oenothéra gláuca (180)
Omphalódes cappadócica (unter 181)
O. lucíliae (unter 181)
Paeónia tenuifólia (217)
Papáver-Arten (unter 185)
Phlóx amóena (unter 188)
P. divaricáta (unter 188)
P. x douglásii (unter 188)
P. réptans (unter 188)
P. subuláta (188)
Polýgonum affíne (unter 197)

P. sphaerostáchyum (unter 197)
P. tenuicáule (unter 197)
Potentílla-Arten (unter 200)
Prímula x pruhoniciána (207)
Sagína subuláta (232)
Sálvia argéntea (unter 233)
S. bulleyána (unter 233)
S. glutinósa (unter 233)
S. jurisícii (unter 233)
S. x supérba (233)
Saponária caespitósa (unter 236)
S. hausknéchtii (unter 236)
S. ocymoídes (236)
S. x olivána (236)
Saxífraga apiculáta und verwandte Arten (240)
S. cotylédon (238)
S. x hýbrida (237)
Sédum spúrium (245)
Sempervívum-Arten (249–256)
Siléne kéiskii (unter 258)
S. saxífraga (unter 258)
S. scháfta (unter 258)
Stáchys nívea (unter 261)
S. récta (unter 261)
Thalíctrum alpínum (unter 263)
T. kiusiánum (unter 263)
Thýmus serpýllum (265)
Verbáscum dumulósum (unter 272)
Verónica incána (273)
V. téucrium (276)
Víola biflóra (unter 279)

Stauden, die sich besonders für die Trockenmauer oder den Trockenwall eignen:

a. Besonders für die Schattenseite geeignet:
Árabis procúrrens (unter 41)
Asplénium trichómanes (unter 313)
A. víride (unter 313)
Chiastophýllum oppositifólium (77)
Corýdalis cheilanthifólia (unter 89)
C. lútea (89)
C. ochroléuca (unter 89)

Cystópteris frágilis (unter 313)
Prímula júliae (208)
Ramónda mycóni (221)
Phyllítis scolopéndrium (310)
Polypódium vulgáre (312)

b. Vorwiegend für die Sonnenseite geeignet:
Alýssum murále (unter 28)
Androsace primuloides (unter 32)
A. sarmentósa (32)
Árabis caucásica (41)
Aspérula arcadiénsis (unter 40)
Áster alpínus (49)
Aubriéta (58, 59)
Campánula carpática (64)
C. portenschlagiána (70)
Cerástium biebersteinii (76)
C. tomentósum (unter 76)
Diánthus gratiánopolitánus (unter 96)
D. noéanus (unter 96)
D. petráeus (unter 96)
D. plumarius (96)
Euphórbia capituláta (unter 112)
Geránium dalmáticum (unter 120)
Gypsóphila petráea (unter 122)
G. répens (122)
Ibéris saxátilis (145)
Linária pállida (162)
Népeta x fassénii (178)
Oenothéra caespitósa (unter 179)
O. missouriénsis (179)
Phlóx x douglásii (unter 188)
P. subuláta (188)
Polýgonum affíne (unter 197)
Prímula aurícola (201)
Saxífraga (237 und 240)
Scabiósa graminifólia (unter 242)
Sédum álbum (unter 245)
S. refléxum (unter 245)
S. spúrium (245)
Sempervívum (249–256)
Siléne saxífraga (unter 258)
S. scháfta (unter 258)

Ausdauernde Küchenkräuter

Schon zum Nutzen der Hausfrau sollte kein Garten ohne »Küchengartenecke« angelegt werden. Dabei ist es, wie die Erfahrung lehrt, ratsam, ihn so anzulegen, daß er nahe beim Hause liegt: niemand will bei schlechtem Wetter quer durch den Garten laufen! Man kann heute fast alle Küchengewürze hygienisch verpackt in getrockneter Form kaufen; der gute Koch aber weiß sehr wohl, daß einige Kräuter frisch geerntet durch nichts zu ersetzen sind. Ihr Anbau bereitet keine Schwierigkeiten. Sie gedeihen in normaler Gartenerde (Ausnahmen sind angegeben) in warmen Positionen. Man vermeide frischen Dung und verwende Kompost oder Hornmehl. Mineralische Dünger können leicht das Aroma beeinflussen. Am besten erntet man kurz vor der Blüte.

Beifuß, hier werden ausnahmsweise die Blütenstände geerntet und immer getrocknet angewendet. Für Gänse- und Entenbraten.

Estragon, Suppen- und Soßengewürz, auch zum Gurken-Konservieren, frisch und getrocknet.

Kalmus, Sumpfpflanze, die an den Teichrand gehört. Wurzel mit Zucker eingekocht, wirkt appetitfördernd.

Schnittlauch, Salatgewürz, kann auch im Topf gezogen werden.

Waldmeister, vor der Blüte verwenden; zur Maibowle.

Wermut, Blätter, für magenstärkenden »Tee«.

Alant, Wurzeln ausgezeichnet zur Likörbereitung, liebt frische bis feuchte Böden.

Liebstöckel, Blätter sind ein wichtiges Suppen- und Bratengewürz.

Pfefferminze, bekanntes Hausmittel.

Zitronenmelisse, Blätter als Tee gegen Kopfschmerz, Fisch-, Fleisch- und Pilzgewürz.

Ysop, Blätter, frisch und getrocknet, als Salat-, Braten- und Soßengewürz.

Lavendel, feines Duftkissenkraut (Blüten!), Laub gibt guten Badezusatz; einzelne getrocknete Blüte als Zusatz zu grobem Pfeifentabak.

Majoran, vielseitig anwendbares Gewürz.

Rosmarin, Blätter als Braten- und Suppengewürz verwendbar.

Bohnenkraut, frisch und getrocknet für Bohnensuppe, zum Gurkeneinlegen und zur Wurstbereitung.

Pimpinelle, frisch als Salatbeigabe, getrocknet für Suppen- und Fischgerichte.

Salbei, feines Braten-, Soßen- und Fischgewürz.

Baldrian, Wurzeltee zur Nerven- und Magenberuhigung, zu kultivieren wie 203.

Thymian, wie Majoran zu verwenden, siehe auch 265.

Tripmadam, Blätter (nur frisch) als Würze für Soßen und Salate.

Literaturverzeichnis

Anderson, E.B.: Rock Gardens. London 1959.

Anderson, E.B., Balfour, A.P., Fish, M., Wallis, M.: The Oxford Book of Garden Flowers. London 1963.

Baetzner, A.: Natursteinarbeiten des Landschaftsgärtners. Vorkommen der Gesteine, Bearbeitung und Verwendung, 3. Auflage, Stuttgart 1968.

Bloom, A.: Perennials for Trouble-Free Gardening. London 1964.

Chittenden, F.J. (Herausgeber): The Royal Horticultural Society Dictionary of Gardening (4 Bände). London 1951.

Encke, F.: Pareys Blumengärtnerei. Beschreibung, Kultur und Verwendung der gesamten gärtnerischen Schmuckpflanzen. 2. Auflage in 2 Bänden, Berlin und Hamburg 1948–1961.

Fish, M.: Gardening in the Shade. London 1964.

Hansen, R. und Stahl, F.: Unser Garten. Band III: Seine bunte Staudenwelt. München 1963.

Jelitto, L. und Schacht, W.: Die Freiland-Schmuckstauden. 2. Auflage, Stuttgart 1963.
Journal of the Royal Horticultural Society. London, seit 1846.

Maatsch, R.: Pareys illustriertes Gartenbaulexikon. 5. Auflage, Berlin und Hamburg 1956.

Meikle, R.D.: Garden Flowers (The Kew Series). London 1963.

Papenfuß, H.J.: Wasserpflanzen für den Gartenteich. Darmstadt 1963.
Quarterly Bulletin of the Alpine Garden Society. London, seit 1930.

Schacht, W.: Der Steingarten. 4. Auflage (vormals »Der Steingarten und seine Welt« 1.–3. Auflage), Stuttgart 1968.

Zander, R.: Handwörterbuch der Pflanzennamen und ihre Erklärungen. 9. Auflage, bearbeitet von R. Zander, F. Encke und G. Buchheim. Stuttgart 1964.

Zeichenerklärung

●   Pflanze für schattige Standorte

◑   Pflanze für halbschattige Standorte

☼   Pflanze für sonnige Standorte

☼   Pflanze für absonnige Standorte

✂   Pflanze zum Schnitt geeignet

🐝   Pflanze als Bienenfutterpflanze geeignet

(O)   Symbol in Klammern bedeutet, daß Pflanze auch zur Not an einem solchen Standort geeignet ist

I-III   Blütenzeit (hier Januar–März)

Stauden

1. *Aconítum napéllus* (siehe 24)
2. *Alýssum saxátile* (siehe 28)
3. *Anemóne x hýbrida* (siehe 33, 34)
4. *Áster améllus* (siehe 50)

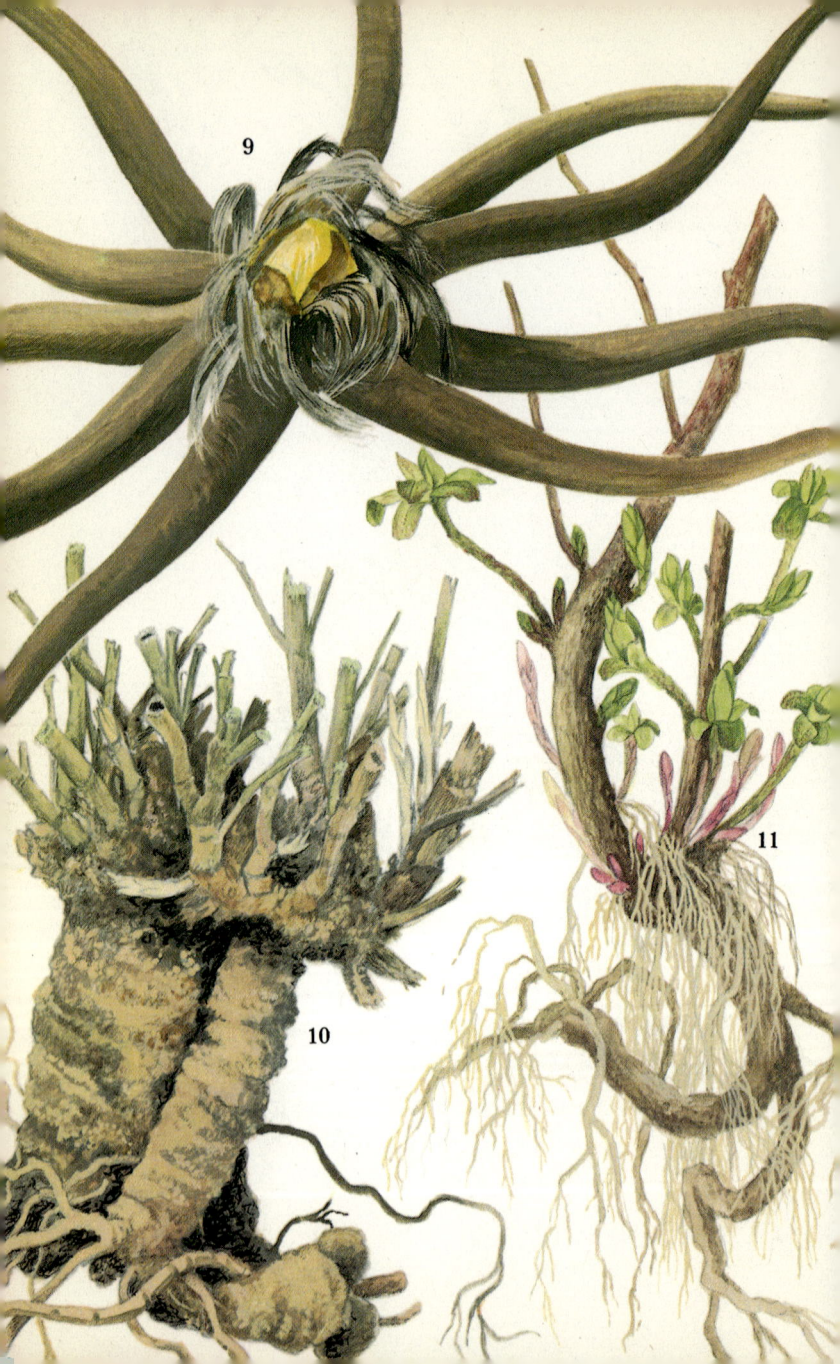

9. *Eremúrus robústus* (siehe 107)
10. *Euphórbia polychróma* (siehe 112)
11. *Gypsóphila paniculáta* (siehe 123)
12. *Helénium x hýbridum* (siehe 125)
13. *Íris x germánica* (siehe 149)
14. *Lupínus x hýbridus* (siehe 165)

12

14

13

15

16

15. *Paeónia officinális* (siehe 218)
16. *Phlóx paniculáta* (siehe 189)
17. *Polygonátum multiflórum* (siehe 196)
18. *Prímula véris* (siehe 212)
19. *Sálvia x supérba* (siehe 233)

17

18

19

20. **Goldgarbe** *Achilléa filipéndula*
20a. 'Parker's Variety'
20b. 'Coronation Gold'
21. **Rote Schafgarbe** *Achilléa millefólium* 'Kelwayi'
22. **Sibirische Garbe** *Achilléa sibírica*
23. **Stachel-Akanthus** *Acánthus spinósus*
24. **Düsterer Eisenhut** *Aconítum napéllus* 'Spark's varie
25. **Amur-Adonisröschen** *Adónis amurénsis*
26. **Kriechender Günsel** *Ájuga réptans* 'Atropurpurea'

20a

20b

21

22

23

24

25

26

27

28

27. **Stockrose** *Altháea rósea*
28. **Steinkraut** *Alýssum saxátile* 'Plenum'

29. **Perlpfötchen** *Anáphalis triplinérvis* var. *intermédia*
30. **Italienische Ochsenzunge** *Anchúsa itálica* 'Dropmore'
31. **Kaukasus-Vergißmeinnicht** *Anchúsa myosotiflóra*
    (*Brúnnera macrophýlla*)

32. Mannsschild
Andrósace sarmentósa
33, 34. Japanische Anemone
Anemóne x hýbrida
33 a. 'Königin Charlotte'
33 b. 'Honorine Jobert'

33 a

33 b

32

34. 'September Charm'
35. **Goldwindröschen**
    Anemóne ranunculoídes
36. **Waldwindröschen**
    Anemóne silvéstris

36   35   34

37. **Akelei** *Aquilégia x hýbrida*
38. *Aquilégia x hýbr.* 'Crimson Star'
39. *Aquilégia chrysántha* 'Longíssima'
40. **Waldmeister** *Aspérula odoráta (Gálium odorátum)*

41. **Gänsekresse** *Árabis caucásica* 'Rosabella'
42. *Árabis causásica*
43. **Strandnelke** *Arméria marítima*
44. *Arméria marítima* 'Schöne von Stuttgart'
45. **Haselwurz** *Ásarum européum*

46
47

46. Weißer Waldbeifuß *Artemísia lactiflóra*
47. Waldgeißbart *Arúncus silvéster*

48a. **Myrtenaster** *Áster ericoídes* 'Diana'
48b. *A. vimineus* 'Lovely'

49. **Alpenaster** *Áster alpínus*
49a. 'Blue Star'
49b. 'Albus'

48 a

49 a

48 b

49 b

51

50 a

50 b

50 c

50 d

50. **Große Kalkaster**
  Áster améllus
50a. 'King George'
50b. 'Lady Hinlip'
50c. 'Blue King'
50d. 'Kobold'
51. *Áster x frikártii*
  'Wunder von Stäfa'

52. **Glattblatt–Herbstaster** *Áster nóvi-bélgii*
52a. 'Lady France'
52b. 'Fair Lady'
52c. 'Christers'
52d. 'Winston Churchill'
53. **Rauhblattaster** *Áster nóvae-ángliae* 'Barr's Pink'

54. Prachtspieren
Astílbe x aréndsii
54a. 'Straußenfeder'
54b. 'Cattleya'
54c. 'Brautschleier'
54d. 'Fanal'
54e. 'Ceres'
54f. 'Gertrud Brix'

54 d

55

54 a

54 b

54 c

55. Japanische Zwergastilbe
Astílbe x simplicifólia
'Atrorosea'
56. Zwergastilbe
Astílbe x críspa 'Perkeo'
57. Sterndolde *Astrántia májor*

54 e

57

56

54 f

58

59 c

59 e

59 a

59 b

59 d

60

61. **Tausendschönchen** *Béllis perénnis*
'Purpurmantel'
62. **Herzblatt Bergenie**
Bergénia cordifólia 'Purpurea'
63. **Wald-Glockenblume**
Campánula latifólia
a. 'Macrantha'   b. 'Alba'
64. **Karpaten-Glockenblume**
Campánula carpática
65. **Silberdistel** *Carlína acáulis*

62

61

63 a

63 b

65

64

66. **Knäuelglockenblume** *Campánula glomeráta* 'Dahurica'
67. **Hängepolsterglocke**
    Campánula porscharskyána 'Stella'
68, 69. **Pfirsichblättrige Glockenblume**
    Campánula persicifólia
69. 'Grandiflora alba'
70. **Dalmatiner Glockenblume**
    Campánula portenschlagiána

71. **Spornblume**
    Centránthus rúber
    'Coccineus'
72. **Flockenblume**
    Centauréa dealbáta
73. **Berg-Flockenblume**
    Centauréa montána
    a. 'Rosea'
    b. 'Grandiflora'

74. **Gelbe Riesen–Flockenblume**
Centauréa macrocéphala
75. **Silber–Flockenblume**
Centauréa pulchérrima 'Major'
76. **Silber–Hornkraut**
Cerástium bieberstéinii
77. **Goldtröpfchen** *Chiastophýllum*
oppositifólium (*Cotylédon simplicifólia*)

78 b

78 a

78. **Wucherblume**
Chrysánthemum x hortórum
(a–d Sortenauswahl)
79. *Chrysánthemum x hortórum*
a. 'Apollo'   b. 'Liepstick'   c. 'Gobelin'

78 c

78 d

79 a

79 b

79 c

80 a

80 b

80 c

80 d

80 e

80 f

80 g

80 h

80 i

80 j

80. *Chrysánthemum x hortórum*
    a. 'Davine'   f. 'Crystal'
    b. 'Golden Orfe' g. 'Hebe'
    c. 'Rositta'   h. 'Sprite'
    d. 'Isolation'   i. 'Diadem'
    e. 'Nelrose'   'Aurora'

81, 82. **Bunte Frühlingsmargerite, Pyrethrum**
 Chrysánthemum róseum (C. coccíneum)
81. 'Eileen May Robinson'
82a. 'Scarlet Glow'   b. 'Queen Mary'

83. **Sommermargerite**
    Chrysánthemum máximum
    a. 'Wirral Supreme'
    b. 'Universal'
    c. 'Julischnee'
84. **Verschiedenblättrige Kratzdistel**
    Círsium heterophýllum

84

83 a

83 c

83 b

85

86

87

85. **August-Silberkerze**
Cimicífuga dahúrica

86. **Juli-Silberkerze**
Cimicífuga racemósa

87. **Maiglöckchen** *Convallária majális*

88. **Mädchenauge, Netzblattstern**
    Coreópsis verticilláta 'Grandiflora'
89. **Gelber Lerchensporn**
    Corýdalis lútea
90. **Frauenschuh** *Cypripédium calcéolus*

90

88

91

89

91. **Roter Zwergrittersporn**
Delphínium nudicáule
92. **Garten–Rittersporn**
Delphínium x cultórium
a. 'Pink Sensation'   b. 'Völkerfrieden'

92 a

92 b

93 a

93 b

93 c

93 d

93 e

93 f

93. *Delphínium x cultórum*
    a. 'Blue Beauty'
    b. 'Black Knight'
    c. 'Guinevera'
    d. 'Astolat'
    e. 'F. W. Smith'
    f. 'Galahad'

94. Bartnelke *Diánthus barbátus*
(Sortenauswahl)

94

95. **Gartennelke** *Diánthus caryophýllus*
    'Comtesse Knuth'
96. **Federnelke** *Diánthus plumárius*
    a. 'Duchess of Fife'   b. 'Diamant'
97. **Heidenelke** *Diánthus deltoídes*

95

96 b

96 a

97

98. **Tränendes Herz, Marienherz**
Dicéntra spectábilis
99. **Zwergherzblume** *Dicéntra exímia*
100. **Diptam** *Dictámnus álbus*
(= *D. fraxinélla*)

101. **Fingerhut** *Digitális purpúrea*
102. **Gelbe Frühlingsmargerite, Gemswurz**
Dorónicum caucásicum 'Mme. Mason'

101

102

104

103

105

106

107. **Kleopatranadel** *Eremúrus robústus*
108. *Eremúrus stenophýllus*

107

108

109. **Feinstrahl, Berufkraut**
Erígeron x hýbridus
a. 'Foersters Liebling'
b. 'Sommerneuschnee'
c. 'Dunkelste Aller'
d. 'Wuppertal'

109 b

109 c

109 a

109 d

110. **Amethyst-Edeldistel, Mannstreu**
Erýngium amethýstinum
111. **Edeldistel** *Erýngium plánum*
112. **Kugelwolfsmilch**
Euphórbia polychróma

112

111

110

113. **Purpur-Wasserdost**
Eupatórium purpúreum
114. **Scheinspiere**
Filipéndula hexapétala
115. **Schwalbenwurz-Enzian**
Gentiána asclepiádea

114

113

115

116. **Kokardenblume** *Gaillárdia x grandiflóra*
117. **Geißraute** *Galéga officinális*
118. **Sommer-Enzian** *Gentiána septémfida*
119. **Schmalblättriger Enzian**
Gentiána angustifólia

120. Balkan-Storchschnabel
Geránium macrorhízum

121. **Prachtnelkenwurz**
Géum x hýbridum
a. 'Goldball'
b. 'Mrs. Bradshaw'
c. 'Carlskaer'

120

121 a

121 b

◄ 121 c

122

123

124

122. **Teppich–Schleierkraut**
     Gypsóphila répens 'Rosenschleier'
123. **Schleierkraut, Gipskraut**
     Gypsóphila paniculáta 'Bristol Fairy'
124. **Teppich–Schleierkraut**
     Gypsóphila cerastioídes
125. *Helénium x hýbridum*
     a. 'Bigelowii Superbum'
     b. 'Moerheim Beauty'

125 b

125 a

126. **Glattblatt-Helenium** *Helénium hoopésii*
127. **Sonnenbraut** *Helénium x hýbridum*
    a. 'Gartensonne' b. 'Crimson Beauty' c. 'Chipper-field-Orange' d. 'Kupfersprudel'

128 a

128 b

128 c

128 d

128 e

28. **Sonnenröschen**
   Heliánthemum x hýbridum
   a. 'Luteum plenum'
   b. 'Supreme'
   c. 'Die Braut'
   d. 'Lawrenson's Pink'
   e. 'Golden Queen'

129, 130. Sonnenblume *Heliánthus x hýbridus*
131. Papyrus-Sonnenblume
Heliánthus salicifólius (= H. orgyális)

132

129

130

134 c

132. **Sonnenauge** *Helíopsis helianthoídes*
133. **Gelbe Taglilie**
Hemerocállis lílio asphódelus (= H. fláva)
134. **Garten-Taglilie** *Hemerocállis x hýbrida*
    a. ’Bess Vestal’   c. ’Mary Guenther’
    b. ’Vespers’   d. ’Lady Fair’

131 133

134 a

134 b

134 d

135. **Dunkelrote Christrose** *Helléborus atrórubens*
136. **Christrose, Nießwurz** *Helléborus níger*
137. **Siebenbürgisches Leberblümchen** *Hepática angulósa* (*H. transsilvánica*)
138. **Leberblümchen** *Hepática nóbilis* (=*H. tríloba, Anemóne hepática*) 'Flore Pleno'

139. **Hufeisenklee** *Hypocrépis comósa*
140. **Purpurglöckchen**
　　Héuchera sanguínea
141. *Héuchera x brizoídes* 'Gracillima'

142. **Grüne Löffelblattfunkie,
Lanzenfunkie** *Hósta lancifólia*
'Albo-Marginata'
143. **Goldrandfunkie** *Hósta fortúnei*
144. **Gemskresse** *Hutchínsia alpína*

147

145

146

145. **Schleifenblume**
Ibéris sempérvirens
'Schneeflocke'
146. **Freilandgloxinie**
Incarvíllea delawáyi
147. **Zwergalant, Schwertalant**

149 a

148 a

148

148. **Zwergschwertlilie** *Íris púmila*
    a. 'Aurea'
    b. 'Cyanea'
149, 150. **Deutsche Schwertlilie** *Íris x germá*
    a. 'Imperátor'
    b. 'Rheintraube'
    c. 'Mrs. Neubrunner'
    d. 'Flammenschwert'

149 b

149 c

149 d

150 a

150 b

150 c

150 d

150 e

150a. 'Corrida'
    b. 'Red Orchid'
    c. 'Goldfackel'
    d. 'Mme. Gaudischau'
    e. 'Solid Mahogany'

151, 152. **Japanische Sumpfschwertlilien**
Íris káempferi und *Íris laevigáta*
153, 154. **Sibirische Schwertlilie**
Íris sibírica
155. **Fackellilie** *Kniphófia x hýbrida*
a. 'Venusflamme'   b. 'Maid of Orleans'

153

154 a

154 b

155 a   155 b

156. **Kletter-Platterbse** *Láthyrus latifólius* 'Roseus'
157, 158. **Frühlingsplatterbse**
     Láthyrus (Orobus) vérnus
158. 'Albo Roseus'
159. **Edelweiß** *Leontopódium alpínum*
160. **Prachtscharte** *Líatris spicáta*
161. **Stern-Ligularie** *Ligulária (Senécio) clivórum*

160

161

164

162

163

162. **Abruzzen-Leinkraut**
    Linária (Cymbalária) pállida
163. **Staudenleim** *Línum perénne*
164. **Hornklee** *Lótos corniculátus*

165

165. **Gartenlupine**
Lupínus x hýbridus

166 169 168 167

166. **Goldfelberich**
Lysimáchia punctáta
167. **Pfennigkraut, Münzkraut,**
Hellerkraut
Lysimáchia nummulária

170

171

172

173. **Federmohn** *Macleáya cordáta*
'Kelway's Coral Plume'
174, 175. **Tibetanischer Scheinmohn**
Meconópsis bayleyi (= *M. betonicifólia*)
176. **Blauglöckchen** *Merténsia primuloídes*

173

174

175

177. **Indianernessel**
Monárda x hýbrida
a. 'Blaustrumpf'
b. 'Schneewittchen'
c. 'Cambridge Scarlet'
d. 'Croftway Pink'
178. **Katzenminze**
Népeta x faassénii
(= *N. mussínii* Hort.)

177 a

177 b

177 c

177 d

178

176

179. Missouri-Nachtkerze
Oenothéra missouriénsis
180. Bronzeblatt-Nachtkerze
Oenothéra gláuca

184 a

184 c

184 b

181. **Frühlings-Gedenkemein**
Omphalódes vérna
182. **Geflecktes Knabenkraut**
Órchis maculáta
183. **Waldsauerklee** *Óxalis acetosélla*
184. **Türkenmohn**
Papáver orientále var. *bracteátum*
a. 'Feuerriese' b. 'Mrs. Perry' c. 'Kalif'

186

185 a

185 b

185 c

187

185. **Islandmohn** *Papáver nudicáule*
    a. 'Album'   b. 'Kardinal'   c. 'Luteum'
186. **Paradieslilie** *Paradísia liliástrum*
187. **Schildblatt** *Peltiphýllum peltátum*

188 a

188 b

188 c 188 e 188 d

188. **Teppichphlox** *Phlóx subuláta*
    a. 'Moerheimii'
    b. 'G.F. Wilson'
    c. 'Atropurpurea'
    d. 'Nivalis'
    e. 'Temiscarming'

189 a

189 b

189 c

189 d

189 e

189 f

189 g

189 h

189 i

189 j

189 k

189. Hoher Staudenphlox *Phlóx paniculáta*

189. 'Mia Ruys'
    a. 'Riverton Jewel'
    b. 'Spätrot'
    c. 'Sternhimmel'
    d. 'Gruppenkönigin'
    e. 'Amethyst'
    f. 'Mia Ruys'
    g. 'Rheinländer'
    h. 'Purpurkrone'
    i. 'Europa'
    j. 'Frau Alfred von
       Mauthner'
       (= 'Spitfire')

    k. 'Jules Sandeau'
    l. 'Mies Copijn'
    m. 'Fanal'
    n. 'Wilhelm Kesselring'
    o. 'Starfire'
    p. 'Fesselballon'
    q. 'Wanadis'
    r. 'Salmon Glow'
    s. 'Orange'

189 s

189 r

189 o

189 p

189 q

189 n

189 l

189 m

190 a

190 b

190. **Hoher Staudenphlox** *Phlóx paniculáta*
190a. 'Kirmesländer'
    b. 'Milly van Hoboken'
191. **Lampionpflanze** *Phýsalis franchéttii*
192. **Gelenkblume** *Physostégia virginiána* 'Vivid'
193. **Kermesbeere**
    Phytolácca americána (*P. decándra*)

191

192

193

196

194

195

194. **Himmelsleiter,**
Jakobsleiter
Polemónium réptans

195. **Himmelsleiter,**
Sperrkraut
Polemónium coerúleum

196. **Vielblütige**
Weißwurz
Polygónatum multiflórum

197. **Hirschzungen-Knöterich** *Polýgonum bistórta* 'Superba'
198. **Ballonblume** *Platycódon grandiflórum* 'Mariesii'
199. **Garten-Fingerkraut** *Potentílla x hýbrida*
200. **Gold-Fingerkraut** *Potentílla áurea*

201. **Alpenaurikel** *Prímula aurícula*
202. **Tibetanische Sommerprimel**
Prímula floríndae
203. **Himalaya-Primel** *Prímula rósea*
204. **Tibet-Primel, Orchideenprimel**
Prímula viálii (P. littoniána)
205, 206. **Kugel-** oder **Ballprimel**
Prímula denticuláta
206. 'Crimson Emperor'
207. **Garten-Teppichprimel**
Prímula x pruhoniciána (P. x helénae)
208. **Teppich-Primel, Polsterprimel**
Prímula júliae

204

206

205

207

208

209

209

209. **Etagenprimel** *Prímula x bullesiána*

210. **Siebolds Primel** *Prímula siebóldii*
211. **Japanische Kandelaberprimel**
     Prímula japónica 'Splendens'
212. **Himmelschlüssel** *Prímula véris*

210

211

212

212

213. **Braunelle** *Prunélla x webbiána*
214. **Lungenkraut** *Pulmonária angustifólia*
215. **Geflecktes Lungenkraut**
Pulmonária pícta (P. saccharáta hort.)

216 a

217

216 b

216, 219, 220. **Chinesische
Pfingstrose** *Paeónia lactiflóra*
216a. 'Kasagano' b. 'Shoshi'
217. Netzblatt-Paeonie
Paeónia tenuifólia

219 a

218

219 b

218. **Bauernpfingstrose** *Paeónia officinális* ’Rubra pléna’
219a. ’Avalanche’
   b. ’Sarah Bernhardt’

220a. 'Mikado'
  b. 'Mme. de Vernville'
221. **Felsenteller** *Ramónda mycóni*
  (*R. pyrenáica*)

224

223

225

222 a

222

222, 223. **Küchenschelle**
Pulsatílla vulgáris
(*Anemóne pulsatílla*)
223. 'Rubra'

226

227

229

228

230

231

232

233

234

235

236

234. **Wiesenknopf** *Sanguisórba officinális*
235. **Becherblume** *Potérium obtúsum*
  (*Sanguisórba obtúsa*)
236. **Rotes Seifenkraut** *Saponária ocymoídes*
237. **Moos-Steinbrech** *Saxífraga x hýbrida*
  a. 'Alba'
  b. 'Winston S. Churchill'
  c. 'Schöne von Ronsdorf'
  d. 'Peter Pan'

237 a 237 b 237 c

237 d

238

239

240

238. **Silber-Steinbrech** *Saxífraga cotylédon*
239. **Porzellanblümchen,**
    Schattensteinbrech *Saxífraga umbrósa*
240. **Polster-Steinbrech**
    Saxífraga x apiculáta
241. **Kaukasus-Skabiose** *Scabiósa caucásica*
242. **Rote Wildskabiose**
    Scabiósa rumélica (Knáutia macedónica)
243. **Blaues Herbsthelmkraut**
    Scutellária incána (S. canéscens)

241

242

243

244 a

246

245

244. **Hohes Dolden–Sedum**
Sédum spectábile
a. 'Brillant'   b. 'Herbstfreude'
245. **Kaukasus–Fetthenne,**
Teppich–Sedum *Sédum spúrium*
'Purpurteppich'
246. **Blautannen–Sedum** *Sédum rupéstre*

247 Sédum ewérsii

244 b

248

247. *Sédum ewérsii*
248. *Sédum spathulifólium*

249

251

252

250

253

256 a

252 a

255 a

254

255

256

249–256. **Hauswurz, Dachwurz** *Sempervívum*
249. *Sempervívum montánum*
250. *S. borísii*
251. *S. schlehánii* 'Rubicunda'
252, 252a. *S. arachnoídeum*
253, 254. **Donnerwurz** *S. tectórum*
253. 'Rubin'
255, 255a. *S. heuffelii* 'Regínae Amaliae'
256, 256a. *S. x fúnckii*

257

259 a

258

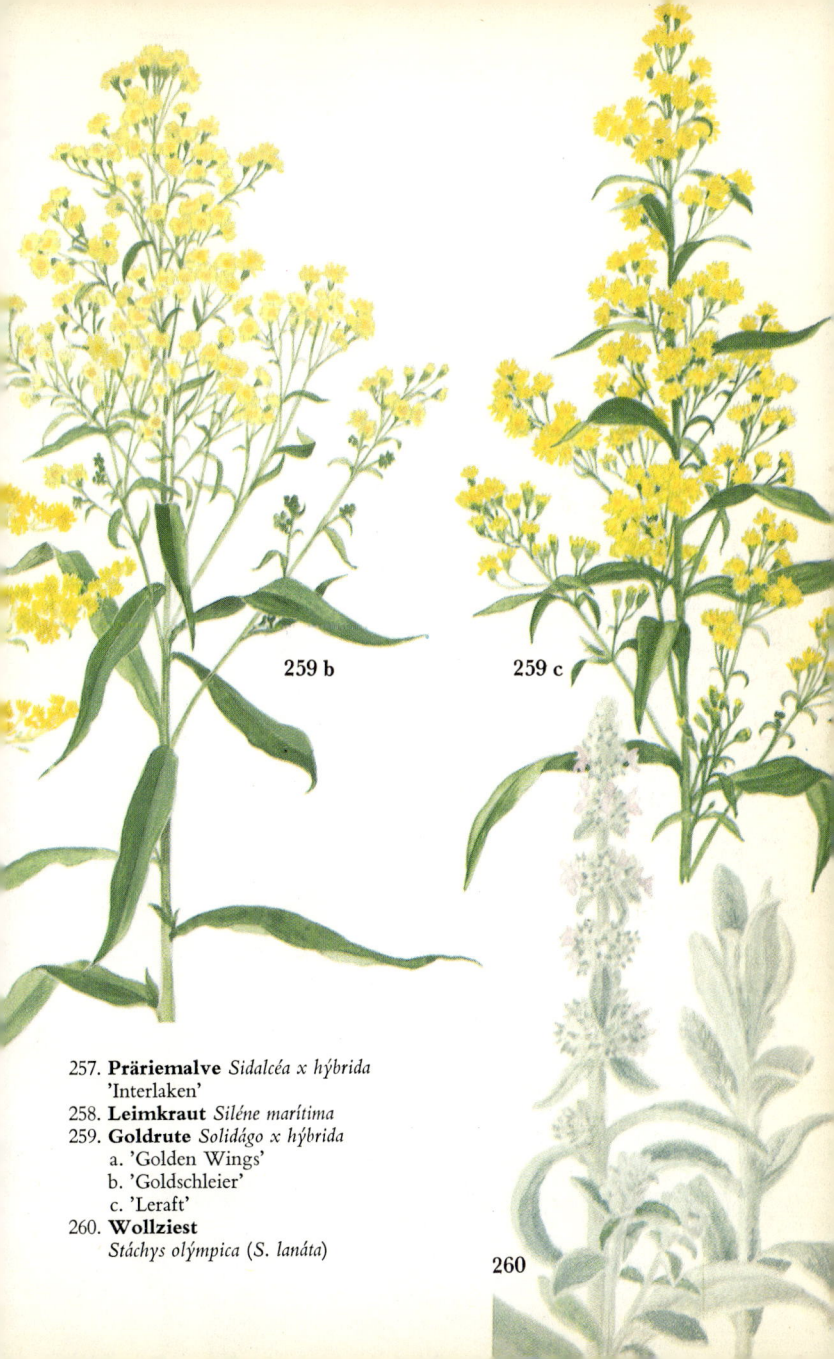

259 b

259 c

257. **Präriemalve** *Sidalcéa x hýbrida*
    'Interlaken'
258. **Leimkraut** *Siléne marítima*
259. **Goldrute** *Solidágo x hýbrida*
    a. 'Golden Wings'
    b. 'Goldschleier'
    c. 'Leraft'
260. **Wollziest**
    Stáchys olýmpica (S. lanáta)

260

263

264

261. **Großblütiger Ziest**
Stáchys macrántha (Betónica grandiflóra)
262. **Gelbe Wiesenraute** *Thalíctrum speciosíssimum*
(*T. flávum* var. *speciósum, T. rugósum, T. gláucum*)
263. **Hohe Amstelraute** *Thalíctrum dipterocárpum*
264. **Fuchsbohne** *Thermópsis fabácea (T. montána)*
265. **Quendel, Kriechender Thymian**
Thýmus serpýllum

266. **Dreimasterblume**
Tradescántia x andersoniána
(T. virginiána) 'Leonora'
267. **Dreiblatt, Dreizipfellilie**
Trillium grandiflórum
268. **Garten-Trollblume**
Tróllius x hýbridus 'Orange Globe'

267

266

268

269

269. **Europäische Trollblume** *Tróllius europáeus*
270. **Kandelaber-Königskerze** *Verbáscum olýmpicum*
271, 272. **Königskerzen** *Verbáscum x hýbridum*
271. 'Densiflorum'
272. 'Pink Domino'

270

271

272

273 274 275

276

273. **Graue Kerzenveronika** *Verónica incána*
274. **Enzianblättriger Ehrenpreis** *Verónica gentianoídes*
275. **Tiefblauer Ehrenpreis** *Verónica longifólia*
276. **Gamanderblättriger Ehrenpreis,**
Büschel-Veronica *Verónica téucrium* 'Shirley Blue'
277. **Immergrün** *Vínca mínor*

278. **Hornveilchen** *Víola cornúta*
    a. 'Bouillon'
    b. 'Hansa'
    c. 'Lord Nelson'
279. **Duft-Veilchen**
    Víola odoráta

280. Gefüllte Pechnelke
   Viscária vulgáris (Lýchnis viscária)
   'Plena'
281. Palmlilie *Yúcca filamentósa*

280

281

Sumpf- und Wasserpflanzen

282

283

283

284

286

285 a

207

285

288

282. **Froschlöffel** *Alísma plantágo–aquatica*
283. **Kalmus** *Ácorus cálamus*
284. **Blumen (Schwanen-)binse** *Bútomus umbellátus*
285. **Sumpfkalla, Schlangenkraut** *Cálla palústris*
286. **Sumpfdotterblume** *Cáltha palústris*
287. *Cáltha palústris* 'Multiplex'
288. **Bitteres Schaumkraut** *Cardámine amára*

289   290

289. **Wasserfeder** *Hottónia palústris*
290. **Froschbiß**
    Hydrócharis mórsus-ránae

291

292

293

291. **Gelbe
Sumpfschwertlilie**
Íris pseudácorus
292. **Fieberklee**
Menyánthes trifoliáta
293. **Sumpfvergißmeinnicht**
Myosótis palústris

295 a

294

294. Gelbe Teichblume *Núphar lúteum*
295 a. Weiße Seerose
　　Nympháea marliácea 'Albida'
　　b. Gelbblühende Seerose
　　Nympháea marliácea 'Chromatella'

296 a

296 b

295 b

296 a. Rosenrote Seerose
　　Nympháea x hýbrida 'James Brydon'
　　b. Rotblühende Seerose
　　Nympháea x hýbrida 'Escarboucle'

297

298

299

297. **Brunnenkresse** *Rorípa nastúrtium–aquáticum*
     (*Nastúrtium officinále*)
298. **Zungenblatt–Hahnenfuß** *Ranúnculus língua*
299. **Pfeilkraut** *Sagittária sagittifólia*
300. **Teichbinse** *Scírpus lacústris*
301. **Krebsschere** *Stratiótes aloídes*

302. **Rohrkolben** *Týpha angustifólia*
303. **Sumpfbaldrian** *Valeriána dióica*

302

303

Farnkräuter und Ziergräser

304

309

306

307

310

308

312

305

311   **313**

317

316

314

315　　318　　319　　320　　321

323

322 a

322 b

322. Miscanthus sinensis
322a. 'Gracíllimus'   b. 'Zebrínus'
323. **Lampenputzergräser** *Pennisétum* sp.

Pflanzenbeschreibungen

Stauden

Die Abbildungen 1–19 stellen Bewurzelungen dar; auf die dazugehörige Staude wird im Tafelteil hingewiesen. Bei den Pflanzenbeschreibungen erscheint die Nummer der Bewurzelung in Klammern gesetzt vor dem Pflanzennamen.

20. Goldgarbe *Achilléa filipéndula.* Die Pflanze wird bis zu 140 cm hoch und ist mit ihrem flachen, goldgelben Blütenstand äußerst dekorativ. Auch als Trockenblume verwendbar. Durch Abschneiden der ersten Blütenstände läßt sich die Trieb- und Blütenbildung fördern. Beetstaude, auch auf dürftigen sandigen oder steinigen Böden verwendbar. ☼ VI–IX ✄. Sorten: 'Parkers Varietät' mit graugrünen Blättern; 'Coronation Gold' mit aschgrauen Blättern und von kleinerem Wuchs (70 cm).

21. Rote Schafgarbe *Achilléa milleólium* 'Kelwayi'. Eine gärtnerisch abgewandelte, leuchtend rot blühende Form unserer Wildpflanze; sie wird etwa 45 cm hoch. Kultur und Verwendung wie für die vorige Art. Pflanze wuchert etwas. Sorten: 'Sammetriese' und 'Cerise Queen' mit tiefroten Blüten.

22. Sibirische Garbe *Achilléa sibírica.* Bis etwa 50 cm hohe Pflanze mit lockeren Doldenrispen. Blätter weniger zerteilt als bei der vorigen Art. Strahlenblüten weiß, zu 6–8 je Körbchen. Wertvolle Schnittblume, aber selten im Handel. Zu ersetzen durch die Weiße Edelgarbe *A. ptármica* (Sorten: 'Die Perle', 'Schneeball' (gefüllt) und 'Nana Compacta' (gedrungene Form). ☼ VI–VIII ✄. Als niedrige Art, besonders für den Steingarten, kann die grauwollig behaarte *A. tomentósa* mit goldgelben Blüten angeraten werden.

23. Stachel-Akanthus *Acánthus spinósus.* Aus dem Orient stammende, sehr dekorative Beetstaude mit auffälligen, rötlich gefärbten Tragblättern. Höhe bis zu 160 cm, breit ausladend. Gedeiht am besten auf humosem Boden. ◗—☼ VII–VIII ✄. Ähnlich, aber etwas kleiner (bis 85 cm) ist *A. longifolius.* Als Steingartenpflanze eignet sich der weißrosablühende *A. dioscóridis* var. *perríngii*, dessen Blütenstand 25–40 cm hoch wird.

24. (1.) Düsterer Eisenhut *Aconítum napéllus.* 'Spark's Variety'. Bis 160 cm hohe, lockere oder fast sparrige Pflanze mit kräftigem Wurzelstock und rittersporänhlichen Blättern. Geeignet vor Gehölzen oder in Beeten im Hausschatten. Gute Gartenerde und regelmäßige starke Dunggaben garantieren gute Entwicklung. ☼—◗ VII–VIII ✄ (giftig!). Die Sorte 'Bicolor' hat blaue Blüten mit weiß und ist weniger robust. Der Gelbe Sturmhut *A. lycóctonum* var. *pyrenáicum* ist gelbblütig.

25. Amur-Adonisröschen *Adónis amurénsis.* Früh- und langblühende hübsche Steingartenpflanze mit feingefiederten Blättern. Wuchshöhe 10–20 cm. Sorten: 'Pleniflora' mit gefüllten Blüten (blüht 2–3 Wochen später); 'Ramosa' ist eine braungelb blühende Form. Alle verlangen humosen, sandigen Boden. ☼—◗ II–III (IV) ✄. Das verwandte Teufelsauge *A. vernális* gedeiht am besten auf Kalkschotterböden. *A. brevistýla* mit kleinen, lichtblauen Blüten benötigt Humusboden und viel Feuchtigkeit.

26. Kriechender Günsel *Ájuga réptans.* Diese zierliche, bis 12 cm hohe Wildpflanze ist in mehreren Gartenformen in Kultur. Sie gedeiht am besten in feuchten

Wiesen oder vor Gehölzen und gilt als wertvoller Bodenbedecker. Sie wächst auf frischen, nährstoffhaltigen, feuchten bis nassen Böden. ☼—◐ IV–V. Sorten: 'Variegata', weißbunte Form; 'Multicolor', buntblättrige Form; 'Atropurpurea', mit braunroten Blättern und blauvioletten Blüten.

27. Stockrose *Althéa rósea*. Die vielleicht schönste Bauerngartenpflanze und eine prachtvolle Zierde für Staudenbeet und Vorgarten. Wuchshöhe bis 300 cm! Ausdauernd oder zweijährig. Sollte vor der Samenreife zurückgeschnitten werden. Gute Gartenerde und mäßige Düngung garantieren vollen Wuchs. ☼ VII–IX ✿. Stockrosen sind in mehreren Sorten mit zahlreichen Farbvarianten im Handel. Die Feigenblättrige Stockrose *A. ficifólia* hat gelappte Blätter und meistens gelbe, ungefüllte Blüten.

28. (2.) Steinkraut *Alýssum saxátile*. Eine ansprechende, üppige Polsterpflanze, die am besten an oder auf Steinmauern gedeiht. Sie stellt keine besonderen Bodenansprüche; ältere Exemplare können nässeempfindlich werden. Wuchshöhe 17–25 cm. ☼ V–VI. Sorten: 'Compactum' ist dichtwüchsig und höchstens 20 cm hoch; 'Citrinum' hat helle, schwefelgelbe Blüten; 'Plenum' hat satt goldgelbe, gefüllte Blüten. Weitere Arten: *A. murále* ist ein Sommerblüher (ca. 30 cm hoch); *A. montánum* 'Berggold' und *A. moellendorfiánum* sind frühblühende, kriechende Arten.

29. Perlpfötchen *Anáphalis triplinérvis* var. *intermédia*. Wertvolle Steingartenstaude mit weißfilzig-silbrigen Blättern. Wuchshöhe 30–40 cm. Die Pflanze wächst in lockeren Teppichen und ist wegen ihres grausilbrigen Aussehens ein feiner Mittler zwischen farbigen Pflanzen. Sie gedeiht auch auf kargen, steinigen Böden und bildet Ausläufer, ohne zu wuchern. ☼ IV–VII ✄. Die Silberimmortelle *A. margaritácea* ist nicht so zierlich (Wuchshöhe

50 cm) und blüht später (VII–VIII). Ähnlich ist *A. yedoénsis*; *A. nubígena* wird nur bis 20 cm hoch.

30. Italienische Ochsenzunge *Anchúsa itálica*. Robuste, bis zu 125 cm hohe Staude mit vielblütigem Blütenstand. Feine Beetpflanze. Ordentliche Gartenerde mit etwas Sand ohne Übermaß an Dünger (Pflanze wird leicht mastig) ist hinreichend. Windschutz ist notwendig, oder die Einzelpflanze sollte durch Pflanzstock gestützt werden. Pfahlwurzel nach der Blüte abtrennen. ☼ VI–IX ✿. Sorten: 'Morning Glory' mit lobeliablauen Blüten; 'Pride of Dover' mit azurblauen Blüten; 'Dropmore' ist enzianblau; 'Lodden Royalist' ist kleiner, aber großblumig; 'Opal' ist bleichblau; 'Little John' ist von dichterem Wuchs.

31. Kaukasus-Vergißmeinnicht *Anchúsa myositiflóra* (*Brúnnera macrophýlla* ist der gültige Name!). Mit ihren großen Blättern und dem lockeren, himmelblauen Blütenstand wirkt diese Pflanze besonders gut unter Gehölz und im Hausschatten. Sie ist aber auch als Beetstaude verwendbar. Die Blätter werden im Winter braun. Wuchshöhe: Blätter 15–27 cm; Blütenstand bis 45 cm. Braucht gute frische, feuchte Humuserde. ◐—● IV–V (VI).

32. Mannsschild *Andrósace sarmentósa*. Alle Pflanzen dieser Gattung kommen aus dem Gebirge und fühlen sich deshalb nur im Steingarten oder an Mauern wohl. *A. sarmentósa* bildet an zarten Ausläufern kleine Rosetten; die Primelblütchen stehen in Dolden etwa 10 cm über dem Boden; alle Blätter sind grundständig und etwas wollig. Sandige, möglichst kalkfreie Gartenerde. ☼—◐ V–VI. Die Art kommt in zwei Varietäten vor, var. *chúmbyi* und var. *watkínsii*, die letzte hat tief rosafarbene Blüten. Früher blühend ist der Primelmannsschild *A. primuloídes*. *A. lanuginósa* blüht gelbrot bis Oktober, zieht aber im Winter ein.

41
43-44
45
46
47
48

33-34
35
37-38
20
25
27
28
30
31

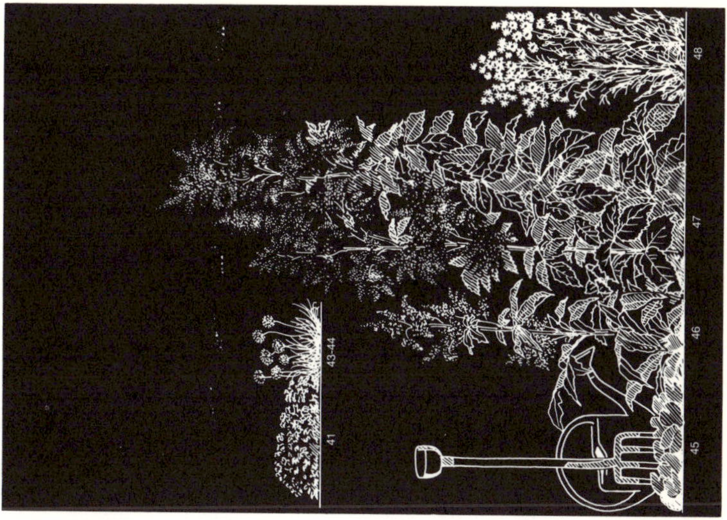

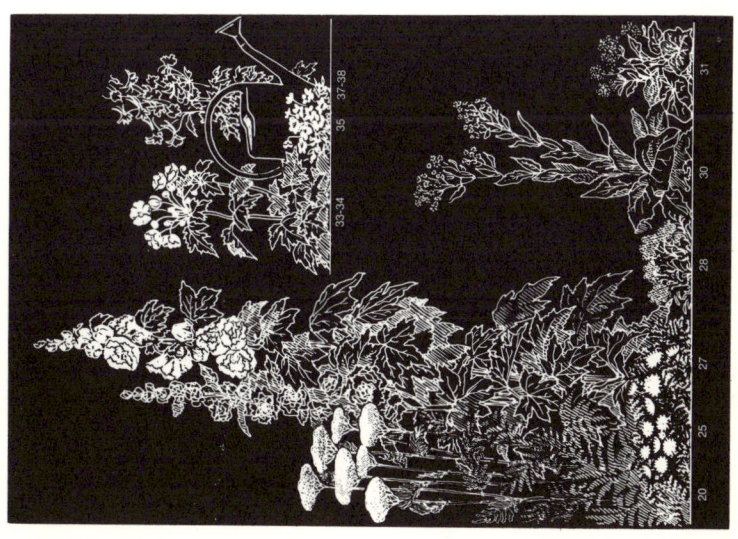

33, 34. (3.) Japanische Anemone *Anemóne japónica-* und *A. hupehénsis-*Hybriden. Für den Garten- und Naturfreund bedarf die Anemone keiner Beschreibung. Die Gattung umfaßt weit über 100 Arten, von denen viele in den verschiedensten Sorten und als Hybriden kultiviert werden. Die Japanische Anemone und ihre Satelliten sind Spätblüher, überstehen oft sogar erste Herbstfröste. Sie gedeihen in ordentlicher, frischer Gartenerde oder – besser – in Waldhumusboden. Im Winter sollten sie mit Laub oder Reisig abgedeckt werden, falls keine Schneedecke auftritt. Alle Sorten neigen etwas zum Wuchern, was aber in Anbetracht ihrer Schönheit wenig stört. Nach der Blüte sind alle Anemonen durch ihre graufederigen Fruchtstände geschmückt. ☼—◑ VIII–X ✿. Sorten: 'Honorine Jobert' (**33 b**) weiße, einfache Blüten bis 120 cm hoch; 'Wirbelwind' weiße, leicht gefüllte Blüten, bis 100 cm hoch; 'Prinz Heinrich' rote, halbgefüllte Blüten, bis 80 cm hoch; 'Septembercharm' (**34**) silber-rötliche, einfache Blüten, bis 70 cm hoch; 'Königin Charlotte' (**33 a**) silber-rosa, einfache Blüten, bis 120 cm hoch; *A. hupehénsis* 'Praecox' rosa-rote, einfache Blüten, bis 60 cm hoch, auffällig gelappte Blätter, frühblühend; *A. hupehénsis* 'Splendens' rosarote Blüten, bis 100 cm hoch.

35. Goldwindröschen *Anemóne ranunculoídes*. Eine einheimische Wildpflanze, die sich als Bodendecker unter Gebüsch oder Bäumen mit ihrer sattgelben Blüte und ihrem dunkelgrünen Laub gut ausmacht. Sie liebt mit Laub vermischte Gartenerde und sollte im Verein mit Sauerklee, Aronstab, Bingelkraut, Einbeere, Schattenblume, Farnen und Primeln gepflanzt werden. ◑—● III–IV.

36. Waldwindröschen *Anemóne silvéstris*. Sehr attraktive, genügsame Wildpflanze, deren weiße Blüten schön mit dem dunkelgrünen Laub kontrastiert. Geeignet unter Gehölzen wie auch im offenen Beet. Wuchshöhe: Blätter 8–15 cm,

Blütenschaft bis 27 cm. Gute kalkhaltige(!) Gartenerde, verträgt Trockenheit. ☼—◑ V–VI. Sehr schön ist auch die karminrot blühende Kreuzung *A. x lésseri*, die allerdings nicht zu trocken gehalten werden darf. Das 3–8blütige Berghähnlein *A. narcissiflóra* eignet sich gut für den Steingarten. Blütezeit V–VII.

37–39. Akeleien *Aquilégia* ssp. Unsere einheimische kurzspornige Akelei *A. vulgáris* ✿ mit ihren blauen, weißen oder rosa Blüten ist aus Bauerngärten nicht wegzudenken; sie ist auch als Gartenpflanze begehrenswert. Sie wird etwa 60 cm hoch und kommt auch in gefüllten Formen vor. Die meisten anderen Akeleien sind Kreuzungsprodukte mit fremden Arten wie z. B. *A. coerúlea* (blau), *A. canadénsis* (rot), *A. skínneri* (gelb mit rotem Sporn), *A. chrysántha* (**39**) (gelb). Die Libellen-Akelei *A. x haylodgénsis* (entstanden aus *A. coerúlea*) ist auffällig langspornig. Akeleien werden als Jungpflanzen gekauft, können aber auch leicht aus Samen gezogen werden. Sie gedeihen in ordentlicher Gartenerde, der etwas Sand beigemischt sein kann. Alle Akeleien sind nur in Blüte schön. ☼—◑ V–VI (VII) ✿.

Weitere Arten und Sorten: *A. akiténsis*, blaublütig mit weißen Honigblättern, kleinwüchsig; *A. scopulórum*, langspornige, aufrechte Blüte, Zwergwuchs (Steingarten!); 'Crimson Star' (**38**), rotblütig mit weißer Mitte; 'Kupferkönigin', rotbraun mit gelb; 'Rosakönigin', mit rosa Blüten; 'Helenae', blaublütig mit weißer Mitte.

40. Waldmeister *Aspérula odoráta* (*Gálium odorátum*). Aromatisch duftende, einheimische Wildpflanze, ausgezeichnet durch quirlständige, etagenartig angeordnete Blätter. Die Pflanze gehört zu den Schattenblumen und gedeiht am besten im Unterwuchs von Bäumen und höheren Sträuchern, kann aber durch Wuchern lästig werden und sollte nur in größeren Gärten Verwendung finden. Wuchshöhe: 15 cm. ●—◑ IV–V. Verwandte Arten sind für den Steingarten vorzüglich geeignete

Polsterpflanzen, z.B. *A. nítida*, rosa Blüten, krause dunkelgrüne Polster; *A. arcadiénsis*, lachsrote Blüten, wollige Blätter; *A. hírta*, rosa Blüten, lockere grüne Polster. Alle diese Arten brauchen Sonnenhänge oder warme Felsnischen.

41, 42. Gänsekresse *Árabis* sp. Diese Pflanzen aus der Familie der Kreuzblütler sollten in keinem Steingarten fehlen. Sie wachsen in üppigen Polstern und bedürfen etwas der Kontrolle. Sie wachsen am besten zwischen Steinen oder an Mauern und stellen keine besonderen Bodenansprüche. IV–V 🍂. Arten und Sorten: Gebirgs-Gänsekresse *A. caucásica* (= *A. álbida*) (42) 'Variegata' (42a); 'Bakkely' (42b); 'Schneehaube', weiß, einfach; 'Polarfuchs', weiß, einfach; 'Plena', weiß, gefüllt; 'Rosea', rosa; 'Rosabella' (= *x arendsii* 'R') (41); 'Sulphurea', schwefelgelb. Kalkabhängig sind die weißblühenden, graue Polster bildenden *A. bryoídes* und *A. androsácea*. Kurzlebig, aber sehr ansprechend ist die karminfarbene *A. blepharophýlla*. Von üppigerem Wuchs und mattenbildend (auch im Gehölzschatten) ist die Schaumkresse *A. procúrrens*.

43, 44. Strandnelke *Armería marítima*. Alle Arten dieser Gattung bilden Polster oder dichte Matten und haben in Köpfchen angeordnete Blüten. Wuchshöhe: Blätter etwa 4–8 cm; Blütenkopf 17–25 cm. Sie verlangen normale Gartenerde, gedeihen aber noch besser in sandig-humosem Boden. Sie sind ideal für Beeteinfassungen oder den Steingarten. ☼ V–VI. Sorten: 'Alba', mit weißen Blüten; 'Schöne von Stuttgart' (44), tiefrot und kugelrund; 'Rosa compacta', karminrosa; 'Silver Queen', weiß mit silbergrauen Blättern; 'Splendens perfacta', leuchtend rot, sehr kleinwüchsig.

45. Haselwurz *Ásarum európaeum*. Wegen seiner wintergrünen, nierenförmigen Blätter sehr beliebter, laubzierender Bodendecker. Die Blüten sind unscheinbar und bedeutungslos. Wuchshöhe 5–15 cm.

Gartenerde oder Waldhumusboden; im Steingarten auch unter niedrigen Nadelhölzern. ● III–IV. *A. canadénse* wird etwas größer und hat behaarte Blätter.

46. Weißer Waldbeifuß *Artemísia lactiflóra*. Bis zum Boden beblätterte Prachtstaude mit üppigem Blütenschleier: tausende von winzigen weißen Blütchen bilden eine große duftende Rispe. Wuchshöhe bis 160 cm. Wächst in ordentlicher Gartenerde (etwas düngen!) vor Gehölzen, Mauern oder im Staudenbeethintergrund. ◑–☼ VI–VII. Für den Steingarten eignen sich kleinbüschelige Arten wie *A. láxa* (= *A. mutellína*) und *A. spléndens* var. *brachyphýlla*. Diese silberblättrigen Arten sollten luftig stehen und in lockeren, sandigen Boden gepflanzt werden.

47. Waldgeißbart *Arúncus silvéster*. Mächtige Prunkstaude, bis 220 cm hoch, mit großer, weißlicher Blütenrispe aus unzähligen kleinen Blütchen. Weibliche und männliche Pflanzen sind verschieden. Wunderbarer Blickfang, und deshalb als Einzelstaude zu pflanzen. Gut geeignet vor Gehölzen oder unter lichten, großen Bäumen. Ordentliche Gartenerde, etwas düngen. ☼–◑ VI–VII ✕.

48. Myrtenaster *Áster ericoídes*. Feinblättrig, etwas überhängend, mit gänseblümchenähnlichen Blüten in reicher Rispe. Ausgezeichnete Beetpflanze, aber auch vor und zwischen Gehölzen geeignet. Wuchshöhe bis zu 120 cm. Nährstoffreiche Gartenerde. Man vermeide Extreme: Zu viel Nässe führt zu »Asternwelke«. ☼–◑ (IX) X–XI ✕ 🍂. Sorten: 'Diana', 'Schneetanne', 'White Heather' (weißblühend) ;'Brimstone'(rosablühend). Andere kleinblütige Herbstastern: *A. multiflórus*, 'Novembermyrte' (weiß); *A. láevis* und *A. cordifólius*, 'Ideal' (violett); *A. vimíneus*, 'Lovely' (48b), *A. lateriflórus*, 'Finale' (rosa).

49. Alpenaster *Áster alpínus*. Wer diese entzückende Blume aus dem Gebirge kennt, möchte sie im Garten nicht missen. Sie wird bis 25 cm hoch und trägt nur eine große Blüte auf schlankem, beblättertem Stengel. Am besten für den Steingarten (neben Edelweiß) geeignet, aber auch im Staudenbeet verwendbar. Gute Gartenerde; etwas Kalk kann nicht schaden. ☿ V–VI ✄ ✿. Sorten: 'Blue Star', 'Treue', 'Wunder', 'Ideal' (hell- bis dunkelblau); 'Liebe', 'Güte' (rosa); 'Albus' (weiß) **(49b)**.

50. (4.) Große Kalkaster *Áster améllus.* Alle Gartenformen dieser sonst zierlichen, etwa 25 cm hohen, einheimischen Steppenheidepflanze sind großblütig (die Wildform ist ideal für absonnige Plätze im Steingarten). Sie werden zwischen 40 und 70 cm hoch und sind prächtige Staudenbeetpflanzen. Nicht zu dicht stellen! Ordentliche, kalkhaltige Gartenerde; am besten im Frühling pflanzen. ☿ VII–IX ✄ ✿. Sorten: 'King George' **(50a)**, 'Victoria', 'Mira', 'Kobold' **(50d)**, 'Rudolf Goethe' (violett); 'Cassubicus grandiflorus', 'Sternkugel' (hellviolett); 'Blue King' **(50c)** (blau-violett); 'Heinrich Seibert', 'Lady Hinlip' **(50b)** (rosa); 'Tina' (lavendelblau). Eine spätblühende, besonders für den Steingarten geeignete Pflanze ist die Kissenaster *A. dumósus,* die mit zahlreichen Sorten im Handel ist.

51. *Áster x frikártii* 'Wunder von Stäfa'. Lockerwüchsige bis 85 cm hohe Pflanze. Blüten hellviolett mit orangefarbener Mitte. Wie vorstehende Art zu kultivieren.

52. Glattblatt-Herbstaster *Áster nóvibélgii.* Große Pflanzen von oft strauchartigem Wuchs, besonders nach oben hin verzweigt und vielblütig. Wuchshöhe von 80–140 cm. Vorzügliche Beetstaude, doch sehr krankheitsanfällig. Erschöpfte Pflanzen sollten geteilt werden. Frische, nährstoffreiche Gartenerde ist erforderlich. ☿ IX–XI ✄ ✿. Bekannte Sorten: 'Christers' **(52c)**, 'Zauberspiel', blühfreudig (weiß); 'Fair Lady' **(52b)**, 'Royal Blue', 'October Dawn', 'Sexton', 'Blaue

Nachhut', 'Schöne von Dietlikon' (blau); 'Lady France' **(52a)**, 'Winston Churchill' **(52d)**, 'Rembrandt' (hell- bis tiefrot).

53. Rauhblattaster *Áster nóvae-ángliae.* Im Vergleich zur vorhergehenden Art noch üppiger im Wuchs (bis 160 cm) und weniger anfällig, allerdings auch nicht so farbenfreudig. Als Beetstaude oder besser noch für Einzelanpflanzung geeignet. Sorten (in Auswahl): 'Barr's Pink' **(53)**, 'Harrington Pink', 'Rudelsburg' (rosa bis lachsrosa); 'Andenken an Paul Gerber', 'Septemberrubin' (karminrot); 'Treasure', 'Barr's Blue' (hellviolett).

54. Prachtspieren *Astílbe x aréndsii.* Meistens großwüchsige Prachtstauden mit herrlichen, weißen oder farbigen, federigen, dichten oder lockeren Blütenrispen. Sie blühen durchwegs im Sommer und bevorzugen halbschattige Standorte. Sie wachsen ohne Schwierigkeiten in feuchter Gartenerde und sollten mit abgelagertem Pferdemist gedüngt werden; von Kuhdung raten Fachleute ab! Fast ausnahmslos handelt es sich bei allen Astilbe-Arten um Hybriden. ◑–● VII–IX ✄ ✿. Sorten: 'Brautschleier' **(54c)**, 'Bergkristall', 'Diamant' (weiß); 'Cattleya' **(54b)**, 'Straußenfeder' **(54a)**, 'Walküre', 'Grete Püngel', 'Ceres' **(54e)** (hellrosa); 'Feuer', 'Fanal' **(54d)**, 'Glut' (leuchtendrot bis lachsrot); 'Gertrud Brix' **(54f)**, 'Spinell' (karminrot); 'Amethyst' (purpurviolett).

55. Japanische Zwergastilbe *Astílbe x simplicifólia.* Im Vergleich zu den Prachtspieren sind diese Pflanzen klein. Sie werden 30–50 cm hoch, sind von graziösem Wuchs, und ihre Blütenrispen sind weiß oder rosa in verschiedenen Tönen. Man pflanzt sie entweder unter lichten Baumbeständen oder an schattigen Stellen des Steingartens, da sie trockenheitsempfindlich sind. ◑–● VII–VIII ✄ ✿. Sorten: 'Atrorosea' **(55)** (Rispe überhängend), 'Rosea' (überhängend), 'Dunkellachs' (aufrecht), 'Praecox alba' (weiß, aufrecht).

Sehr zierlich und elegant (20–30 cm hoch) ist die Korea-Waldastilbe *A. koreána*.

56. Zwergastilbe *Astílbe x críspa* 'Perkeo'. Diese Hybriden werden nur 15 cm hoch (eine der Sorten heißt 'Liliput'), haben gekräuselte Blätter und rosa Blütenstände. Nur für den Steingarten geeignet. ◑ VII–VIII ❧. Noch zierlicher und später blühend ist die Japanische Zwergastilbe *A. glabérrima* var. *saxátilis* (Wuchshöhe 10 cm).

57. Sterndolde *Astrántia májor*. Schöner Doldenblütler unserer heimischen Wälder mit Döldchen, die von rötlich gefärbten Tragblättchen umgeben sind. Wuchshöhe bis 80 cm. Für den Unterwuchs in Parks und größeren Gärten mit Laubbäumen (nicht Obstbäumen!) geeignet; in kühlen Waldhumusboden. ● VI–VIII ✕. Für schattige Stellen in Steingärten (Schluchten) können unter gleichen Bedingungen die bis etwa 20 cm hohen Arten *A. bávarica*, *A. carniólica* und *A. mínor* empfohlen werden.

58, 59. Blaukissen *Aubriéta*-Hybriden. In Kultur ist nur *A. deltoídea*, aus der durch Züchtung unzählige Sorten hervorgegangen sind. Prächtige, oft große Teppiche bildende Polsterpflanzen für Terrassengärten und Trockenmauern. In der Anwendung ist Vorsicht geboten, weil sie so populär geworden sind, daß man sie oft nicht mehr ausstehen kann, besonders wenn sie in einem Garten dominieren. Wuchshöhe 5–10 cm. Sehr anspruchslos und wuchsfreudig in normaler, kalkhaltiger Gartenerde. ☼ IV–V ❧. Bewährte Sorten (in Auswahl): 'Tauricola' (**58**), 'Crimson King' (**59a**), 'Lavender' (**59b**), 'Moerheimii' (**59c**), 'Rodhaette' (**59d**), 'Dr. Mules' (**59e**), 'Neuling' (besonders üppig), 'Rosenteppich'. Gefüllte Formen: 'Bressingham Pink', 'Barker's Double'.

60. Rosettenpolster *Azorélla trifurcáta*. Eigenartiger, aus den Anden stammender, zwergiger Doldenblütler, der aus stacheligen Rosettenpolstern zusammengesetzte, immergrüne Matten bildet. Die gelben Blütchen sind für den Garten bedeutungslos. Wuchshöhe bis etwa 7 cm. Anspruchslos auf sandig-humosem Boden und gut zur großflächigen Bepflanzung von Hängen in Steingärten. ☼–◑ V–VI.

61. Tausendschönchen *Béllis perénnis*. Die sehr beliebte Pflanze bedarf keiner Beschreibung. Aus der bescheidenen heimischen Wildpflanze hat die Züchtung zahlreiche Gartenformen entwickelt. Streng genommen gehört die zweijährige Pflanze nicht zu den Stauden, doch ist sie als Lückenfüller im Staudenbeet oder zu Einfassungen immer willkommen. Ordentliche Gartenerde, öfters teilen und umsetzen! ☼ III–IX ✕. Sorten: 'Purpurmantel' (**61**), 'China Pink' (rosarot); 'Rob Roy' (leuchtend rot); 'Dresden China' (rosa). Auch das bläulichweiße Gänseblümchen *B. rotundifólia* 'Coerulescens' wirkt schön im Steingarten, braucht aber feuchten Boden.

62. Herzblatt-Bergenie *Bergénia cordifólia*. Mit ihren fleischigen Blättern und rosa gefärbten Blüten ist diese auffällige Pflanze nicht jedermanns Geschmack. Als wintergrüne Pflanze ist sie allerdings vielseitig auf feuchten (nicht nassen!) Böden verwendbar. Sie wächst gut unter Bäumen, auch neben großen Felsblöcken oder an Bächen und braucht Platz. Wuchshöhe bis zu 35 cm. Gartenerde. ☼–◑ IV–V. Sorten: 'Purpurea' (**62**), 'Abendglut', 'Morgenröte', 'Silberlicht' (weißblütig). Weitere Arten: *B. pacífica*, *B. delaváyi*, *B. liguláta* und *B. purpuráscens*.

63. Wald-Glockenblume *Campánula latifólia*. Kräftige, bis 100 cm hohe Staude mit durchgehend beblättertem Stengel. Für Parkanlagen und größere Gärten mit Laubbaumbeständen, aber auch für das größere Staudenbeet (vor Mauern und Gebäuden) geeignet. Kühle Gartenerde oder Waldhumusboden. ●–◑ VI–VII ❧. Sorten: 'Macrantha' (blau); 'Alba' (weiß).

64. Karpaten-Glockenblume *Campánula carpática*. Büschelig wachsende Pflanze, bis etwa 30 cm hoch, mit einzeln stehenden Blüten. In vielen Sorten kultivierter, unermüdlicher Blüher für den Stein- oder Terrassengarten. Wie alle Glockenblumen ist die Pflanze sehr anfällig gegen Schnecken! Sie ist genügsam, wächst aber am besten auf kalkhaltigem Boden. ⚥ VI–VIII ✿. Sorten: 'Blaumeise', 'Isabel' (dunkelviolett); 'White Star', 'Zwergmöwe' (weißblütig). *C. carpática* var. *turbináta* hat aufrechte Blüten.

65. Silberdistel · *Carlína acáulis*. Diese Steppenheidepflanze sollte in keinem Steingarten fehlen. In Verein mit *Diánthus deltoídes*, *Thýmus* und *Gentiána cruciáta* wirkt sie besonders schön. Wuchshöhe bis 8 cm (var. *cauléscens* bis 30 cm). Humusboden mit etwas Sand und Kalk. ⚥ VI–VIII ✕ ✿. Nur in Gärtnereien erstehen; die Wildpflanze ist geschützt! Ähnlich schön ist die Golddistel *C. acanthifólia*.

66. Knäuel-Glockenblume *Campánula glomeráta*. Sie ist ausgezeichnet durch die an den Stengelenden gehäuften, großen Blüten; geeignet zwischen und vor Gehölzen in ordentlicher Gartenerde. Nach der Blüte unansehnlich. Wuchshöhe 30–80 cm. ⚥ VI–VIII ✿. Sorten: 'Dahurica' (66), 'Superba' und 'Acaulis' (feine Steingartenpflanze, wird nur 15 cm hoch).

67. Hängepolster-Glockenblume
Campánula poscharskyána. Eine zierliche Pflanze mit langen, dem Boden anliegenden Trieben und tief eingeschnittenen, sternförmigen Blüten. Nur für größere Steingärten oder Terrassen geeignet, weil sie viel Platz einnimmt. Wuchshöhe bis 15 cm. Sandig-humoser Boden sagt ihr am besten zu. ⚥–◑ V–VIII ✿. Sorten: 'Stella' (67) (großblütig, dunkellila, nicht wuchernd); 'Lisduggan Var' (lavendelrosa); 'E.H. Frost' (weiß mit blau).

68, 69. Pfirsichblättrige Glockenblume *Campánula persicifólia*. Die wohl schönste unserer heimischen Arten eignet sich in ihren Gartenformen für parkartige Gärten unter Laubbäumen oder für das Staudenbeet vor Gebäuden und Mauern. Wuchshöhe bis 100 cm. Man wähle eine nährstoffreiche Erde und vermeide extrem trockene oder feuchte Standorte. Wie fast alle Glockenblumen ist sie nach der Blüte unschön. ◑–⚥ VI–VII ✕ ✿. Sorten: 'Telham Beauty' (gute Schnittblume); 'Grandiflora coerulea' (großblütig blau); 'Grandiflora alba' (großblumig, reinweiß) (69).

70. Dalmatiner Glockenblume *Campánula portenschlagiána*. Niemand wird Wilhelm Schacht widersprechen, der diese unübertreffliche Art als »eine der wertvollsten aller Steingartenpflanzen« bezeichnet. Sie ist niedrig (bis 10 cm hoch) und bildet mit ihrem blauen Blütenmeer den Blickfang eines jeden Steingartens. Am besten pflanzt man sie in den Fugen von Trockenmauern oder zwischen Steinen. ⚥–◑ VI–IX ✿ (siehe Sorten). Sorten: 'B. Prövis' (sehr zierlich, VI–VIII); 'Major' (besonders blühfreudig, VI–IX); 'Birch Hybrid' *C. portenschlagiána x C. poscharskyána* (mit aufrechten Blüten, VII–VIII).

71. (5.) Spornblume *Centránthus rúber*. Aus der Familie der Baldriangewächse stammt diese auffallende Staude mit ihren gegenständigen Blättern und reichen, fleischroten Blütenständen. Sie wird bis zu 65 cm hoch, blüht lange und eignet sich vorzüglich für Trockenmauerfugen und Abhänge in Steingärten. Ordentliche, kalkhaltige Gartenerde genügt ihr. ⚥ VI–IX ✕. Sorten: 'Coccineus' (rot); 'Albus' (weiß).

72. Flockenblume *Centauréa dealbáta*. Diese artenreiche Gattung aus der Familie der Korbblütler hat mehrere ausgezeichnete Gartenpflanzen hervorgebracht. Unsere Pflanze wird bis etwa 60 cm hoch, hat

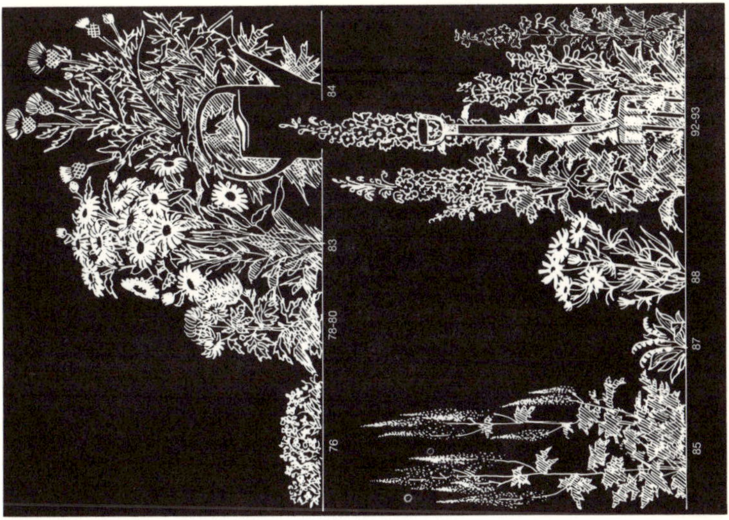
76
78-80
83
84
85
87
88
92-93

49
50
52
57
58-59
62
66
68-69
70
71
74

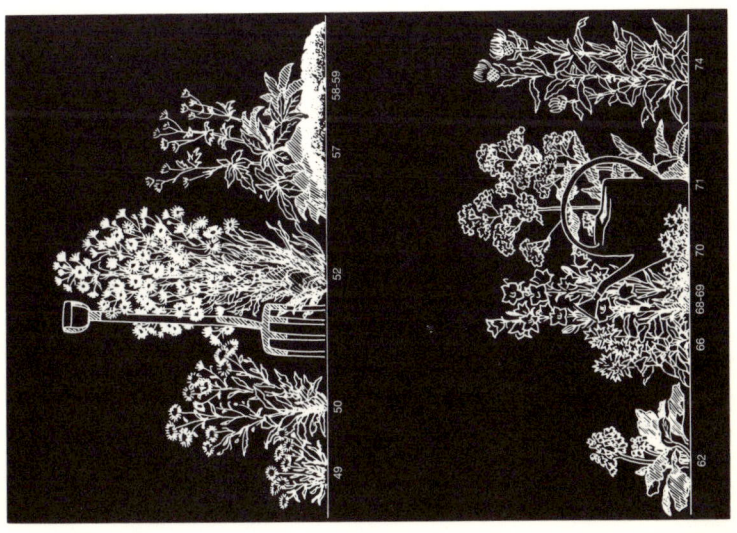

feingeschnittene, fiederspaltige Blätter und 5–7,5 cm breite Blütenköpfchen. Sie wächst in durchlässiger Gartenerde. ☿ VI–VII ✖ ✎.

73. Berg-Flockenblume *Centauréa montána*. Etwas krautige, bis 50 cm hohe Staude, die sich für absonnige Standorte – z. B. im Hausschatten – eignet. Im Steingarten findet sie zwischen Bergkiefern einen guten Platz. Sie wächst am besten in humosen, frischen, feuchten Böden und sollte nach der Blüte zurückgeschnitten werden. ☀—◑ V–VI ✖ ✎. Sorten: 'Grandiflora' (leuchtendblau); 'Rosea' (rosa); 'Sulphurea' (gelb); 'Parham Var.' (großköpfig, purpurlavendel).

74. Gelbe Riesen-Flockenblume *Centauréa macrocéphala*. Robuste, aufrechte, bis 120 (–180) cm hohe Staude mit ganzrandigen oder gezähnten Blättern und auffallend großen, kugeligen Blütenköpfen. Sie kann als Beetstaude, wenn nicht zu dicht gestellt, sehr angenehm wirken. ☿—◑ VII–IX ✖ ✎. Noch wuchtiger und nur zur Einzelpflanzung in großen Gärten geeignet ist die lilablütige, mannshohe *C. rhapóntica*.

75. Silber-Flockenblume *Centauréa pulchérrima* 'Major'. Diese Pflanze trägt ihren lateinischen Namen zu Recht. Sie wird bis 55 cm hoch, hat graugrüne, fiederlappige Blätter und duftige rosa Blüten. In Gruppen oder einzeln wirkt sie in Steingartenhängen außerordentlich gut. Sie braucht sandig-humosen Boden. ☿ VII–VIII ✖ ✎. Für ähnliche Standorte wären zu empfehlen: *C. bélla* und *C. simplicicáulis* (kleinwüchsig!).

76. Silber-Hornkraut *Cerástium biebersteínii*. Stark wuchernde Steingartenpflanze mit silbergrauen Blättern. Wuchshöhe: Blattwerk bis 15 cm, Blüten bis 20 cm. Die Pflanze braucht sehr viel Platz und muß unter Kontrolle gehalten werden, wenn sie nicht von der ganzen Anlage Besitz ergreifen soll. Auch als Hängepflanze an Trockenmauern wirkt sie gut.

Ordentliche Gartenerde. ☿ V–VI. Weniger wuchernd und vielleicht noch schöner ist *C. tomentósum* var. *colúmnae*. Auch unsere Wildpflanze *C. arvénse* (Gartenform 'Compactum') kann empfohlen werden.

77. Goldtröpfchen *Chiastophýllum oppositifólium* (*Cotylédon simplicifólia*). Die zierliche Pflanze gehört in die Familie der Dickblattgewächse. Sie wird nur 10–15 cm hoch und wirkt mit ihren überhängenden Blütenständen gut in absonnigen Spalten des Steingartens oder in Trockenmauerfugen. Sie ist genügsam in sandighumoser Erde. ☀—◑—● VI–VII.

78–80. Wucherblume, Gartenchrysantheme *Chrysánthemum x hortórum*. Die Gärtner-Chrysanthemen haben eine ehrwürdige Geschichte, über ihren Ursprung wissen wir so gut wie nichts. Sie sind Schöpfungen des Fernen Ostens, wo sie schon vor mehr als 2000 Jahren in Kultur waren. Die ersten Importe erreichten Europa (Holland) gegen Ende des 17. Jahrhunderts, aber erst gegen 1790 begann ihr Anbau in großem Stil. Alle Gartenchrysanthemen sind Kreuzungen auf der Grundlage von *C. índicum*, *C. koreánum* und *C. rubéllum*. Für praktische Zwecke ist es ausreichend, Sortennamen aufzuführen. Aber selbst dabei ist nur eine beschränkte Auswahl möglich. Der Amateurgärtner ist gut beraten, wenn er seine Auswahl aus der Sortimentsliste führender Staudengärtnereien je nach Geschmack und den Gegebenheiten seines Gartens trifft. Chrysanthemen sind nicht frei von Tücken. Man pflanzt sie am besten an geschützten Stellen: vor Mauern oder in Hausnähe. Nässe ist ihr Todfeind; deshalb sollte man sie im Winter abdecken. Bei eintretendem Frühfrost kann man blühende Pflanzen in Kübel umsetzen und an geschützte Plätze stellen. Alle Sorten gedeihen am besten in tiefgründigen, nahrhaften (mehrmals düngen!), etwas kalkhaltigen Böden. Erschöpfte Pflanzen sind unschön und sollten entfernt werden. Jungpflanzen werden am vorteilhaftesten mit dem Topfballen gekauft und eingesetzt. ☿ VIII–IX ✕. Die abgebildeten Sorten sind nicht immer erhältlich. Die folgende Auswahl ist auf ein von Richard Hansen (Weihenstephan) empfohlenes Sortiment begründet: **Weiß:** 'Frau W. Klapdor' (gefüllt, frühblühend), 'Edelweiß' (halbgefüllt), 'White Bouquet' (Pompon), 'Weiße Nebelrose' (gefüllt, spätblühend). **Hellgelb:** 'Zitronenfalter' (gefüllt, frühblühend), 'Schleswig Holstein' (gefüllt), 'Edelgard' (halbgefüllt, spätblühend). **Goldgelb:** 'Goldperle' (Pompon, frühblühend), 'Septembergelb' (gefüllt), 'Novembersonne' (gefüllt, spätblühend). **Rot:** 'Herbstbrokat' (Pompon, frühblühend), 'Fellbacher Wein' (halbgefüllt), 'Herbstrubin' (gefüllt, spätblühend). **Kupferfarbig:** 'Mandarin' (gefüllt, frühblühend), 'Source d'Or' (gefüllt), 'Goldschopf' (gefüllt), 'Kupferkastanie' (gefüllt, spätblühend), 'Vreneli' (gefüllt, spätblühend). **Rosa:** 'Anastasia' (Pompon, frühblühend), 'Hansa' (gefüllt), 'Herbströschen' (gefüllt, spätblühend). **Rosa-Lila:** 'Melody' (gefüllt), 'Schweizerland' (gefüllt, spätblühend), 'Nebelrose' (gefüllt, mit weinroten Blättern, sehr spätblühend).

81, 82. Bunte Frühlingsmargerite, Pyrethrum Chrysánthemum róseum (Ch. coccíneum). Diese Pflanze ist in ihrer Wildform (Naher Osten) kaum weniger variabel als in unseren Gärten. Sie wird 50–75 cm hoch, hat einzeln stehende Strahlblüten auf schlankem Stiel und feine fiederschnittige Blätter. Sie wird hauptsächlich als Schnittblume gezogen, kann aber auch als Beetpflanze verwendet werden (fällt leicht auseinander und wirkt dann unschön; Windschutz!). Am besten gedeiht sie in frischen, etwas sauren, lehmigen Böden. ☿ V–VI ✕. Sortenauswahl: 'James Kelway' (rot), 'Lord Roseberry' (karminrot, gefüllt), 'Pfingstgruß' (magentarot, etwas gefüllt), 'Granatstern' (rot, gefüllt); 'Scarlet Glow' (**82a**), 'Eileen May Robinson' (**81**), 'Strahlenkrone' (rosa); 'Queen Mary' (**82b**), 'Yvonne Cayeux' (weiß, gefüllt).

83. Sommermargerite Chrysánthemum máximum. Robuste, 50–100 cm hohe Pflanze mit steif-aufrechten Stämmen. Blütenköpfe bis zu 8 cm breit, immer weißblütig. Außerordentlich haltbare Pflanze, ohne besondere Bodenansprüche. Umpflanzen nach 3–4 Jahren ist ratsam. ☿ VII–IX ✕. Sorten: 'Stegmann' (frühblühend), 'Maistern' (frühblühend), 'Beethoven' (80 cm), 'Schöne von Fellbach' (90 cm), 'Universal' (**83b**), 'Julischnee' (leicht gefüllt, spätblühend) (**83c**), 'Wirral Supreme' (frühblühend) (**83a**), 'Schwabengruß' (spätblühend, halbgefüllt); 'Silberreiher' und 'John Murray' sind feine Schnittpflanzen (gefüllt).

84. Verschiedenblättrige Kratzdistel Círsium heterophýllum. Diese 50–150 cm hohe Gebirgspflanze ist nur für größere Steingartenanlagen geeignet. Wesentlich wertvoller ist die Weißgrüne Schmuckblattdistel oder Elfenbeindistel C. diacánthum (Chamaepéuce diacántha). Sie ist zweijährig, wird etwa 60 cm hoch (selten bis 100 cm), hat mehrere purpurrote Blütenköpfe und mit elfenbeinfarbenen Stacheln besetzte, glänzendgrüne Blätter. Sie ist genügsam und paßt in die Nachbarschaft von Opuntien. ☿ VII–VIII ✕.

85. August-Silberkerze Cimicífuga dahurica. Der Nichtfachmann kann kaum glauben, daß diese stattliche Pflanze zu den Hahnenfußgewächsen gehört. Sie wird bis 200 cm hoch und besitzt fast waagrecht stehende, große, 2–3fach gefingerte Blätter. Mit ihrem weißen Blütenschleier wirkt sie besonders angenehm gegen den dunklen Hintergrund von immergrünen Sträuchern oder Bäumen. Sie verlangt nährstoffreiche Gartenerde oder Waldhumusboden. ◑–● VIII–IX.

86. Juli-Silberkerze Cimicífuga racemósa. Ähnlich der vorigen Art, aber etwas eleganter, kleiner und mit leicht überhängenden Trauben. ◑–● VII–VIII. Wegen ihres abstoßenden Geruches eignet sich keine Cimicífuga als Schnittpflanze. Weitere Arten: Lanzen-Silberkerze *C. cordi-fólia* mit breiten, herzförmigen Blättern (VIII–X); Trauben-Silberkerze *C. símplex* 'Armleuchter' und 'Weiße Perle' mit verzweigten Trauben (IX–X, nicht immer frosthart!); Zwerg-Silberkerze *C. japónica*, wird nur bis 80 cm hoch und ist im ganzen zierlicher (VIII–IX).

87. Maiglöckchen *Convallária majális.* Die zweifellos populärste Blume unserer Gärten und Haine bedarf keiner Vorstellung. Sie kann vielseitig verwandt werden, fühlt sich aber im Baumschatten in kühlem, feuchtem Waldhumusboden am wohlsten; wo nur Gartenerde vorhanden ist, sollte man mäßig düngen. ◑—● IV–V ✘ (duftend). Sorten: 'Grandiflora' (großblütig), 'Rosea' (zarte rosa Blüten), 'Fortin's Giant' (gröber im Wuchs; geeignet für Topfkultur).

88. Mädchenauge, Netzblattstern *Coreópsis verticilláta* 'Grandiflora'. Wegen ihrer feingeteilten, gegenständigen Blätter und den leuchtend gelben Blüten als charmante Beetpflanze geschätzt, eignet sie sich aber auch für den Stein- und Terrassengarten. Ihre Stengel sind kräftig genug, um dem Wind zu widerstehen. Wuchshöhe 45–60 cm. Gartenerde oder sandighumoser Boden sagen ihr zu. ☼ VI–IX ✘. Weitere, doch weniger attraktive Arten: *C. grandiflóra* 'Badengold' (bis 80 cm), *C. lanceoláta* 'Goldfink' (20–30 cm, büschelig wachsend) und *C. trípteris* (schlankwüchsig, bis 150 cm, in Halbschatten zu halten).

89. Gelber Lerchensporn *Corýdalis lútea.* Die in blütenlosem Zustand an einen Mauerfarn erinnernde Staude ist äußerst vielseitig und denkbar unempfindlich, so sehr, daß sie leicht zu Unkraut ausarten kann. Sie blüht fast das ganze Jahr und eignet sich für Beeteinfassungen oder –natürlicher– für schattige Mauern. Jeder Boden ist ihr recht. ☼—◑ V–X ✎. Weißlichgelb blüht die ähnliche Art *C. ochroléuca.* Weniger aufdringlich und für absonnige Trockenmauern geeignet ist der

Chinesische Farnlerchensporn *C. cheilanthifólia.*

90. Frauenschuh *Cypripédium calcéolus.* Die üppigste unserer einheimischen Wildorchideen und neben dem Gefleckten Knabenkraut die einzige, die sich im Garten mit einiger Mühe kultivieren läßt. Sie ist jederzeit im Handel zu beziehen, und der Gartenfreund sollte sich nur an diese Bezugsquelle wenden. Sie im Freien auszugraben ist ein Vergehen an der Natur, das nicht hart genug bestraft werden kann! Sie wächst im Garten am besten unter Sträuchern und benötigt Kalkschotter gemischt mit Humusboden; außerdem ist Fichtennadelstreu vorteilhaft. Die Pflanze wird 25–35 cm hoch. ◑ V–VI. Ähnlich und mit gleichen Ansprüchen sind *C. parviflórum* und *C. pubéscens;* beide blühen früher. Wesentlich leichter zu halten ist der Großblütige Königin-Frauenschuh *C. regínae;* er gedeiht am besten in Moor- oder Sumpfboden. Für den erfahrenen Steingartenbesitzer wäre eine weitere Orchidee zu empfehlen: die tibetanische *Pleióne limpríchtii* (Kulturanleitung sollte beim Kauf verlangt werden). Und nochmals: Umgepflanzte Wildorchideen sind im Garten dem Tode geweiht!

91. Roter Zwergrittersporn *Delphínium nudicáule.* Zierliche, 25–40 cm hohe Pflanze, deren dunkelgrünes Laub in feinem Kontrast zu den orangeroten Blüten steht. Zieht nach der Blüte ein. Wegen Frostempfindlichkeit entweder im Winter gut abdecken oder die Knöllchen ausgraben und im Keller in Sand überwintern. Feine Steingartenpflanze für sandigen Humusboden. ☼ VI. Gut für den Steingarten sind ferner die chinesischen, blau- oder violettblühenden *D. grandiflórum* (mit der weißen Sorte 'Album'), *D. tatsienénse* und *D. cashmeriánum* (alle 30–50 cm hoch).

92, 93. (6.) Garten-Rittersporn *Delphínium x cultórum.* Jahrzehntelange Züchtungsarbeit hat zu diesen prächtigen Stauden geführt. Sie alle beruhen auf Kreuzungen mit anderen Partnern und werden in der Literatur in Gruppen aufgeführt, deren Name gewöhnlich auf ihren Ursprung verweist, z. B. Elatum-Gruppe, Belladonna-Gruppe usw. Für unsere Zwecke ist der Sortenname hinreichend. Der »tiefschürfende« Amateurgärtner sollte Kataloge und Spezialliteratur konsultieren. Delphinien sind Leitpflanzen unter den Beetstauden. Um zu voller Wirkung zu kommen, sollte man sie nicht zu eng setzen; in Dreiergruppen sind sie am ausdrucksvollsten. Nach dem Abblühen im Vorsommer muß man diese Stauden zurückschneiden (7–12 cm über der Erde); sie werden dann nachwachsen und im Herbst wieder (oft noch schöner) blühen. Der Rittersporn wächst in guter Gartenerde, die man auch mäßig düngen kann. Vor der zweiten Blüte im Herbst muß die Bodenoberfläche vorsichtig gehackt werden. ☿ IV–VII und (VIII) IX–X ✂.

Neben den abgebildeten Sorten haben sich u. a. auch folgende in unseren klimatischen Verhältnissen bewährt: **Weiß:** ’Moerheimii’, ’Weißer Herkules’, ’Black and White’. **Dunkelblau:** ’Lamartine’ (fast schwarzblau), ’Andenken an A. Koenemann’, ’Blauwal’. **Leuchtendblau:** ’Azurriese’, ’Fernzünder’, ’Jubelruf’, ’Blickfang’. **Enzianblau:** ’Lanzenträger’, ’Schildknappe’, ’Sommernachtstraum’. **Dunkelviolett:** ’Tempelgong’, ’Finsteraarhorn’.

94. Bartnelke *Diánthus barbátus* (Sortenauswahl). Die Bartnelke, die mit vielen Sorten im Handel ist, ist eine zweijährige Pflanze, gehört also nicht zu den Stauden. Dennoch erfüllt sie im rhythmisch bepflanzten Staudenbeet eine Rolle als Farbspender, wenn die größeren Prachtstauden nicht in Blüte stehen (siehe auch S. 9). Die Pflanze ist 40–60 cm hoch und anspruchslos. Sie sollte jährlich neu ausgepflanzt werden. Nach der Aussaat im Mai/Juni im Saatbeet (Keimzeit etwa 2 Wochen) werden die Pflanzen in etwa 20 cm Abstand ausgesetzt. Die beste Wirkung wird

durch ein gemischtes Sortiment erzielt. Man sollte noch sagen, daß Bartnelken zum eisernen Bestand des Bauerngartens gehören und daher im Verein mit anderen »altmodischen« Blumen am besten wirken. ☿ VI–VIII ✂ (Duftpflanze).

95. Gartennelke *Diánthus caryophýllus*. Für sie gilt das gleiche, was für die Bartnelke angeführt ist. Die Zahl ihrer Farbvarianten ist unübersehbar. Die ungefüllte Naturform ist völlig anspruchslos und kann oft auf den Mauern von Burgruinen gesehen werden. Alle Gartensorten benötigen nahrhafte Gartenerde, leichte Düngung und etwas Kalk. ☿ VII–IX ✂ (Duftpflanze).

96. Federnelke *Diánthus plumárius*. Sie ist der Gartennelke ähnlich, hat aber viel kleinere, 2,5–3,5 cm breite Blüten und wird 20–30 cm hoch. Die auffallenden, ungefüllten Formen sind ausgezeichnete Steingarten- oder Mauerpflanzen; die gefüllten hingegen eignen sich besser in Einfassungen. Sie gedeihen am besten in lockerer, etwas kalkhaltiger Gartenerde und bevorzugen warme Standorte. ☿ V–VI ✂. Sorten: **Weiß:** ’Diamant’ (**96b**), ’Maischnee’. **Rosa:** ’Duchess of Fife’ (**96a**), ’Altrosa’, ’Morgenlicht’, ’Delicata’. **Rot:** ’Saxonia’, ’Liebesglut’, ’Heidi’. Alle sind gefüllt; ungefüllte Sorten sind leider im Handel selten zu bekommen. Weitere Steingartennelken: **1. Polsterbildend:** *D. músalae*, *D. símulans* und die kalkfrei zu haltende *D. micrólepis*. **2. Stengelig wachsende:** *D. gratianopolitánus* (kompakter als *D. plumárius*), *D. campéstris*, *D. frígidus*, *D. negléctus* und *D. subacáulis*; sehr apart ist die schwefelgelbe *D. knáppii*. **3. Langstielige für Trockenmauern:** *D. noeánus*, *D. petráeus*, *D. stríctus* und *D. suendermánnii*.

97. Heidenelke *Diánthus deltoídes*. Die zierliche Pflanze wird nur etwa 15 cm hoch und wirkt mit ihren glänzendgrünen Blättern und kleinen, bescheidenen Blüten sehr schön vor oder zwischen Gehölzen (entsprechend ihrem Standort in der Natur). Sie gedeiht auch in kargen, warmen Böden, wächst aber am besten in nährstoffreicher Gartenerde. ☼–◑ VI–VIII. Sorten: 'Splenden' (rot), 'Brillant' (leuchtend dunkelrot).

98. (7.) Tränendes Herz, Marienherz *Dicéntra spectábilis.* Die beliebte, bis meterhohe Staude mit ihren eingeschnittenen Blättern und geschwungenen Blütentrieben hat äußerlich nicht viel mit ihrem Verwandten, dem Mohn, gemeinsam. Da sie im Laufe der Jahre sehr umfangreich wird, muß man sie am geeigneten Ort (schön in Hausnähe) allein pflanzen. Nach der Blüte ist das vergilbte Laub zu entfernen. Vermehrung erfolgt durch Teilung. Humusboden mit Sand vermischt sagen ihr zu. ◑ V–VI ✄.

99. Zwergherzblume *Dicéntra exímia.* Nur bis 30 cm hoch wird die zarte, aber sehr widerstandsfähige Pflanze mit feingeschnittenen Blättern und nickenden Blüten. Ideal für beschattete Stellen des Steingartens in sandig-humosen Boden. ☼ V–VII ✄. Die Sorte 'Alba' hat, wie auch die verwandte *D. cucullária,* weiße Blüten. Fein für den Stein- und Terrassengarten ist auch die ähnlich zu kultivierende, lange blühende *D. formósa* 'Bountiful' mit farnartigem, graugrünem Laub (IV–VIII).

100. Diptam *Dictámnus álbus* (= *D. fraxinélla*). Wer diese prächtige Wildstaude einmal in der Natur gesehen hat, wird sie unbedingt im Garten besitzen wollen. Die ganze, etwa 70 cm hohe Pflanze ist an heißen Sommertagen buchstäblich von Duftwolken umhüllt. Sie paßt nur in größere Anlagen und sollte in südwärts gerichteten Hanglagen auf Kalkboden gepflanzt werden. ☼ VI–VII Sorten: 'Albiflorus' (weißblühend). Sehr schön, besonders zwischen Bergkiefern, ist *D. álbus* var. *caucásicus.*

101. Fingerhut *Digitális purpúrea.* Eine der imposantesten Gartenpflanzen, die bis 125 cm hoch werden kann. Sie sollte im Hintergrund des Staudenbeetes oder vor Gehölzen (auch zwischen Nadelbäumen) stehen; sie kann aber auch in Gruppen zu 3–5 sehr eindrucksvoll wirken. Nährstoffreiche Gartenerde oder Waldhumusboden sagen ihr am besten zu. ◑ VI–VII ✄ (giftig!). Sorten und weitere Arten: 'Gloxiniaeflora' (rotblütig), 'Gloxiniaeflora Alba' (weißblütig). Gelbliche bis bräunliche Blüten haben *D. grandiflóra,* *D. ferrugínea* und *D. lanáta.* Sehr schön für den Steingarten (bis 50 cm hoch) ist *D. amandiána* mit erdbeerfarbigen Blüten.

102. Gelbe Frühlingsmargerite, Gemswurz *Dorónicum caucásicum.* Diese zu den Korbblütlern gehörende Art ist sehr robust, winterhart und wird bis 45 cm hoch. Sie ist nach der Blüte unschön, was aber durch ihre frühe Blütezeit wettgemacht wird. Die Gemswurz liebt feuchtfrische Böden und leidet unter praller Sonne. Sie hat ihren Platz im Steingarten (neben dem Kaukasus-Vergißmeinnicht) oder vor Gebäuden und Gehölzen. ◑ IV–V ✄ ✿. Sorten: 'Magnificum' (großwüchsig), 'Mme. Mason' (**102**) (goldgelb), 'Frühlingspracht' (gefüllt), 'Riedels Goldkranz' (sehr großblütig). *D. plantagíneum* 'Excelsum' blüht später und ist mit ihren langgestielten Blütenköpfen eine erstklassige Schnittblume.

103. Silberwurz *Drýas x suendermánnii.* Dieses Zwerggehölz aus hohen Gebirgslagen ist ein gern gesehener Gast unter den Stauden des Stein- und Terrassengartens. Mit seinem holzigen Stämmchen kriecht es über Steine und bildet dichte, grüne Matten. Schwer zu sagen, was schöner ist: die sehr kurzlebige, weiße Blüte oder der lang anhaltende, federige Fruchtstand. *Drýas* sollte in Topfballen in kalkhaltigen Humusboden gepflanzt und dann in Ruhe gelassen werden. ☼ V–VI. Die Wildpflanze *D. octopétala* hat kleinere Blüten. Die nordamerikanische *D. drummóndii* hat nickende, gelbe Blüten.

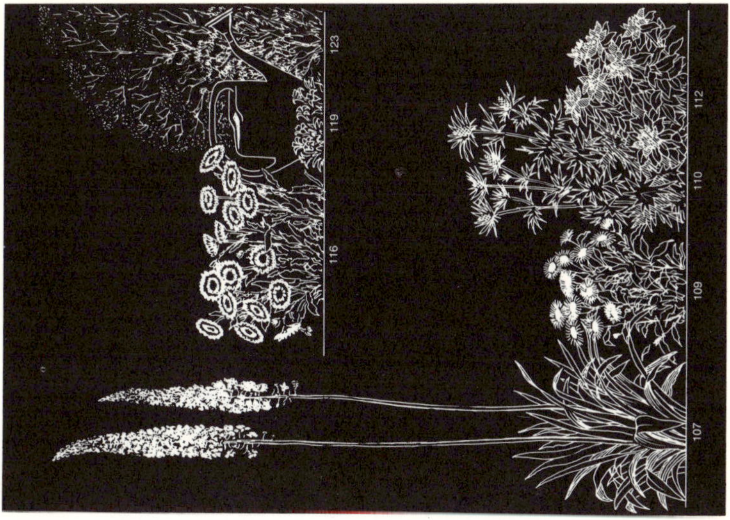
116
119
123
107
109
110
112

95
98
99
101
102
104
105

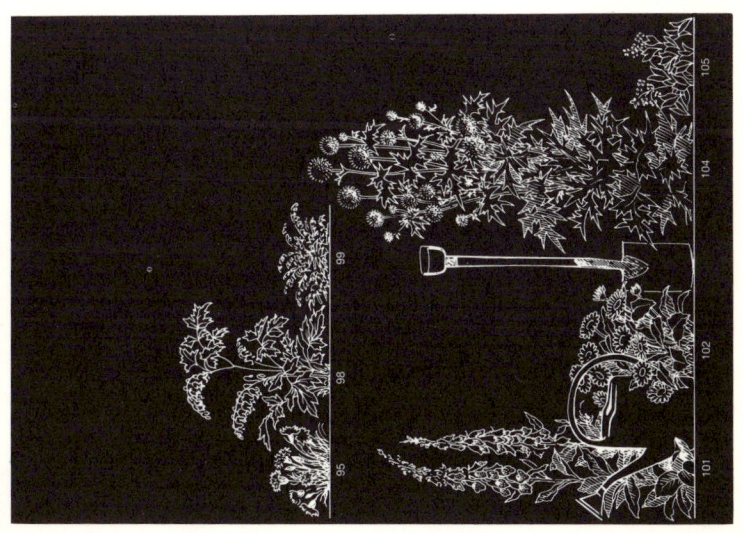

104. Kugeldistel *Echínops rítro.* Bis zu 125 cm hohe, aber nicht immer standfeste Pflanze mit filzigem Stengel und bestachelten, distelartigen Blättern. Die Blüten sind zu kugeligen Köpfen vereinigt (Korbblütler). Ausgezeichnete Beetstaude, wenn sie in Abständen gepflanzt wird, aber auch empfehlenswert für Einzelpflanzungen in größeren Gärten. Frische, kräftige Gartenerde ist Voraussetzung für guten Wuchs. ☿ VII–X ✀ ✤. Sorten und andere Arten: 'Veitch's Blue' mit stahlblauen Köpfen. Noch robuster (bis 160 cm) ist *E. sphaerocéphalus.* Zierlicher und in vieler Hinsicht vorzuziehen ist die nur 110 cm hoch werdende *E. húmilis* 'Taplow Blue' mit blauen Köpfen.

105. Rote Elfenblume *Epimédium x rúbrum.* Alle kultivierten Epimedien sind während des ganzen Jahres schön. Nach dem Welken der zierlichen Blüten wirkt das lockere, hellgrüne Laub erfrischend, und im Herbst beginnt es sich in allen Tönen von braun bis rotbraun zu verfärben. Wuchshöhe etwa 30 cm. Alle Arten verlangen lockeren Humusboden und schattige Standorte, sei es unter lichten Baumbeständen, in Hausnähe oder in Steingärten. Im Frühjahr, vor dem Austrieb zurückschneiden! ◑ IV–V. Die Sorte 'Coccineum' hat rote Blüten mit weißem Sporn. Sehr schöne wintergrüne Belaubung zeichnet *E. pinnátum* 'Elegans' aus; sie blüht gelb.

106. Gelbe Elfenblume *Epimédium x versícolor* 'Sulphureum'. Der Unterschied zur vorigen Pflanze wird in der Abbildung ersichtlich. Sie stellt die gleichen Ansprüche. Nicht vergessen sollte man *E. x warleyénse* (*E. alpínum x pinnátum* var. *cólchicum*) mit kupfrigen Blüten. Für den Gartenfreund, der seinem Nachbarn voraus sein will, sei eine verwandte, noch zierlichere Art, *Vancouvéria hexándra*, mit nickenden, weißen Blüten empfohlen.

107. (9.) Kleopatranadel *Eremúrus robústus.* Für den Statistiker unter den Gar-

tenfreunden: eine der höchsten aller Gartenstauden; manche Exemplare in nahrhaftem, gut durchlässigem Boden werden bis 270 cm hoch. Man muß diese Steppenpflanze aus der Lilienfamilie unbedingt als Solitärstaude pflanzen, wenn sie zur vollen Wirkung kommen soll. Vor dem Austrieb braucht sie Frostschutz, (aber nicht mit Laub abdecken, da nässeempfindlich!). Beim Pflanzen den Wurzelstock 15 bis (höchstens!) 20 cm eingraben. ☿ VI–VII ✀ ✤.

108. *Eremúrus stenophýllus.* Wesentlich kleiner als die vorige Art, mit schmalen Rosettenblättern und zitronengelben Blüten. Wuchshöhe bis 110 cm. Sie stellt die gleichen Ansprüche, das gilt auch für: *E. ólgae* (150 cm, rosa, VI–VII) und *E. himaláicus* (150–175 cm, weiß, frühblühend).

109. (8.) Feinstrahl, Berufkraut *Erígeron x hýbridus.* Die Frühastern, wie sie auch genannt werden, sind 40–60 cm hohe, büschelig verzweigte Stauden mit asterähnlichen Blüten. Sie eignen sich als Rabattenpflanzen und sind zudem wertvolle und dauerhafte Schnittblumen (nie im Knospenzustand schneiden!). Moderne Züchtung hat zu den ursprünglich nur blauen Formen auch rosa und rote Farbtöne geschaffen. Frühastern wachsen in jedem Gartenboden und vertragen auch leicht schattige Standorte. ☿—◑ VI–VIII ✀ ✤. Sorten: **Weiß** : 'Sommerneuschnee' (**109 b**). **Rosa** : 'Foersters Liebling' (halbgefüllt) (**109 a**), 'Rosa Triumph', 'Rote Schönheit' (rotrosa). **Violett** : 'Dunkelste Aller' (**109 c**), 'Wuppertal' (**109 d**), 'Schloß Hellenstein' (sehr dunkel), 'Strahlenmeer' (dunkel). Für Stein- und Terrassengärten werden empfohlen: *E. aurantíacus* (orangegelb) und die kleinen Arten *E. áureus, E. trífidus, E. compósitus* und die mattenbildende *E. andersónii.*

110. Amethyst-Edeldistel, Mannstreu *Erýngium amethýstinum.* Diese kräftige Staude aus der Familie der Doldengewächse wird bis 85 cm hoch und ist eine ansprechende Einzelpflanze, wirkt aber auch gut in Gruppen zu 3–5. Leider ist sie etwas kurzlebig. Sie liebt lockeren, durchlässigen Boden und ist empfindlich gegen Nässe. ☿ VIII ✂ ❀.

111. Edeldistel *Erýngium plánum*. Ähnlich der vorigen Art, aber mit reich verzweigter Blütenregion und kleineren, blauen Blütenköpfchen. Die Pflanze muß unter Umständen gestützt werden. ☿ VI–IX ✂ ❀. Sorten: 'Blauer Zwerg', 'Nanum' (beide nur 50 cm hoch). Für den Steingarten unentbehrlich ist der Alpenmannstreu *E. alpínum* mit den Sorten 'Opal' und 'Superbum'. Auch die Elfenbeindistel *E. gigantéum* und *E. tricuspidátum* sind hier empfehlenswert.

112. (10.) Kugelwolfsmilch *Euphórbia polychróma*. Die Blüten dieses Wolfsmilchgewächses sind unscheinbar; ins Auge springen die gelbgefärbten, blumenblattähnlichen Hochblätter. Die Staude ist von buschigem Wuchs, hat gelbgrüne Blätter und wird etwa 40 cm hoch. Sie ist im Steingarten oder auf der Trockenmauer auch nach der Blüte wirkungsvoll. Ihr bester Standort ist die Südböschung, sie rebelliert gegen stauende Nässe. ☿ IV–VI. Niederliegende Triebe mit blaugrünen Blättern bildet die Walzenwolfsmilch *E. myrsinítes*. Nur 5 cm hoch wird eine andere reizvolle Steingartenart *E. capituláta* mit schuppigen Blättern und rötlichen Früchten.

113. Purpur-Wasserdost *Eupatórium purpúreum*. Aus der Familie der Korbblütler stammende, bis zu 200 cm hohe und viel Platz beanspruchende Staude, die auch im blütenlosen Zustand eine Gartenzierde ist. Ihr bester Platz ist vor oder zwischen Gehölzen, wo sie in Gartenerde sich selbst überlassen werden kann. (☿) ◑—● VII–IX ✂ ❀. Kleiner ist der Weiße Wasserdost *E. ageratoídes* mit weißen gefüllten Blüten. Sehr robust und etwa 120 cm hoch wird der Gefüllte Wasserdost *E. cannábinum* mit gefüllten rosa Blüten.

114. Scheinspiere *Filipéndula hexapétala*. Eine Gartenform unserer Wildpflanze, die sowohl als Uferumrandung wie auch in Gehölzen mit ihrem eleganten Laub und den rötlichen Blütenknospen sehr dekorativ wirkt. Sie gedeiht am besten in Waldhumusboden. ◑—☿ VII–VIII. Als Beetstaude auf feuchtem (nicht nassem) Boden eignet sich unser Mädesüß *F. ulmária* und ganz besonders *F. rúbra* 'Venusta', die rosa Doldenrispen zur Schau trägt und bis 125 cm hoch wird.

115. Schwalbenwurz-Enzian *Gentiána asclepiádea*. Mit seinen bogig überhängenden Stengeln und dichtgestellten, dunkelblauen Glockenblüten wirkt diese Pflanze unserer Gebirgswälder zwischen Gehölzen – ganz besonders zwischen Zwergbäumen des Steingartens – sehr elegant. Sie wird 35–50 cm hoch und benötigt Waldhumus- oder auch Moorboden. Nur in Töpfen herangezogene Pflanzen sollten ausgesetzt werden. ◑ VII–IX. Die Sorte 'Alba' ist weißblütig. Für den ehrgeizigen Besitzer größerer Anlagen empfiehlt sich auch der Gelbe Enzian *G. lutéa* (bis 120 cm hoch). Er stellt die gleichen Ansprüche. Aber bitte nicht im Gebirge ausgraben!

116. Kokardenblume *Gaillárdia x grandiflóra*. Diese Gattung der Korbblütler hat neben einigen unserer schönsten ein- oder zweijährigen Sommerblumen auch diese reizende Beetstaude mit rauhbehaarten Blättern und sonniger Blüte hervorgebracht. Sie wird 50–70 cm hoch und blüht unermüdlich. Die Überwinterungsfähigkeit der Pflanze wird durch reichliches Beschneiden der Blüten gefördert. Gute Gartenerde. ☿ VII–IX ✂ ❀. Sorten: 'Burgunder' (tiefrot), 'Sonnengold' (rot mit gelb), 'Kobold' (rot mit gelb), 'Bremen' (kupferrot mit gelb), 'Fackelschein' (großblütig, dunkelrot mit gelb).

117. Geißraute *Galéga officinális*. Dieser Schmetterlingsblütler würde keinen Schönheitswettbewerb gewinnen; was ihm aber an Charme abgeht, gleicht er durch rührige Blühfreudigkeit aus. Obendrein wirken die unpaarig gefiederten Blätter der bis zu 120 cm hoch werdenden, stark wuchernden (!) Pflanze in ihren Massen eindrucksvoll. Man pflanze sie an Gehölzrändern in Waldhumusboden. ◑—☼.

118. Sommer-Enzian *Gentiána septémfida.* Gemeinsam mit der verwandten Art G. *lagodechiána* gehört diese niedrigstengelige Staude nicht zu den prachtvollsten Enzianen des Steingartens; sie ist aber sehr anspruchslos und wird wegen ihrer langen Blütezeit niemals enttäuschen. Beide Arten werden bis 20 cm hoch und wachsen am besten in sandig-humosen Böden. ☼—☼ VII–IX.

119. Schmalblättriger Enzian *Gentiána angustifólia.* Diese fast stengellose Steingartenstaude und die ähnliche G. *dinárica* werden ungefähr 10 cm hoch. Beide müssen zu mehreren dicht im Ballen in lehmige Rasenerde gepflanzt werden. ☼—◑ (V) VI–VIII ✂. Dem Alpenwanderer sei gesagt, daß das Ausgraben dieser oder anderer Enziane im Gebirge nicht nur frevelhaft und strafbar, sondern auch vergebene Mühe ist! Für den erfahrenen Liebhaber kann der Herbst-Enzian G. *síno-ornáta* empfohlen werden. Er braucht sauren Boden mit Torfmull und wirkt schön zwischen Rhododendron.

120. Balkan-Storchschnabel *Geránium macrorhízum.* Diese mit Duftdrüsen übersäte Pflanze mit fast kreisrunden, langgestielten Grundblättern wird 20–35 cm hoch und blüht in allen Tönen von weiß über rosa bis violett. Als wintergrüne Pflanze ist sie vor und zwischen Gehölzen gut geeignet. Sie fühlt sich in lockeren, nährstoffreichen Böden am wohlsten. ◑ V–VI. Besonders duftend ist die Sorte 'Balcanum'. Für ähnliche Situationen empfehlen sich der Großblumige Storchschnabel G. *grandiflórum* (nicht wintergrün), der Kaukasus-Storchschnabel G.

platypétalum (herrliche Blattfarben im Herbst) und G. *endréssii.* Der Steingarten verlangt geradezu den prächtigen Dalmatiner-Storchschnabel G. *dalmáticum* (10–12 cm hoch, rosa bis weiße Blütchen).

121. Prachtnelkenwurz *Géum x hýbridum.* Nicht viele Gartenblumen übertreffen diese üppigen Verwandten unserer Wilden Nelkenwurz an Leuchtkraft. Ihre rosettigen Grundblätter werden bis 20 cm hoch, und darüber erheben sich die gefüllten Blüten bis 50 cm. Man pflanzt sie in lockeren, frischen, humosen Gartenboden. ◑ (☼) VI–VII ✂. Sorten: 'Goldball' **(121 a)**, 'Mrs. Bradshaw' **(121 b)**, 'Carlskaer' **(121 c)**, 'Fire Opal' (kupferrot), 'Princess Juliane' (altgold), 'Rubin' (karminrot), 'Red Wings' (feuerrot). Langblühend unvergleichlich orangerot ist G. *coccíneum* 'Borisii'. Die Bergnelkenwurz G. *montánum* gehört in den Steingarten.

122. Teppich-Schleierkraut *Gypsóphila répens.* Diese Steppenpflanze aus der Familie der Nelkengewächse ist von niedrigem Wuchs und äußerst wertvoll für Trockenmauern. Tausende von kleinen, locker auf zarten Stielchen sitzende Blütchen verleihen der Staude ihr schleierhaftes Aussehen. Sie wird etwa 15 cm hoch und liebt warme, sandige, etwas kalkhaltige Böden. ☼ V–VII. Sorten: 'Rosea' (zartrosa), 'Rosenschleier' **(122)** (gefüllt rosa), 'Monstrosa' (weiß, wuchsig). Für den Steingartenenthusiasten seien folgende Felspflanzen angeraten: G. *petráea* (= G. *transsilvánica*), G. *cerastioídes* **(124)** und G. *aretioídes* (feine, selten blühende Polster).

123. (11.) Schleierkraut, Gipskraut *Gypsóphila paniculáta.* In Gegensatz zur vorigen Staude wächst diese buschig und wird bis 100 cm hoch. Sie sollte in keinem Garten fehlen. Das während der Blüte geschnittene und getrocknete Kraut ist vorzüglich für Blumengebinde geeignet. Warme, sandige Böden sind ihr willkommen. VII–VIII. 'Flamingo' hat gefüllte, rosa Blüten.

124. Siehe 122.

125–127. (12.) Sonnenbraut *Helénium x híbridum.* Abgesehen vom Glattblatt-Helenium *H. hoopésii* sind alle Pflanzen unter diesem Namen Kreuzungsprodukte; sie kommen in zahlreichen Sorten auf den Markt. Sie sind meistens zweifarbig, langblühend und gehören zum eisernen Bestand unter den Beetstauden. Ihre Größe wechselt von 70–170 cm. Am besten kommen sie in Pflanzengruppen von 3–5 zur Wirkung. Nach etwa 4 Jahren sollte man die Pflanzen teilen. Sie gedeihen in guten Gartenböden. ☿ (VI) VII–IX (siehe Sorten) ✕ ✿. Sorten: **Frühblühend :** 'Moerheim Beauty' (80 cm) **(125b)**, 'Bigelowii Superbum' (60–70 cm) **(125a)**, 'Waltraud' (90 cm, goldbronze), 'Goldene Jugend' (goldgelb, 80 cm). **Mittelblühend :** 'Kupfersprudel' (120 cm) **(127d)**, 'Karneol' (rötlichkupfer, 100 cm), 'Rotkäppchen' (rotbraun, 80 cm), 'Goldlackzwerg' (rot-braun, 80 cm), 'Crimson Beauty' (60 cm) **(127b)**. **Spätblühend :** 'Chipperfield Orange' (150 cm) **(127c)**, 'Gartensonne' (150 cm) **(127a)**, 'Baudirektor Linne' (rötlichkupfer, 110 cm), 'Goldrausch' (gelb, 140 cm).

128. Sonnenröschen *Heliánthemum x híbridum.* Hier ist alles verkehrt: Ihre Blüten sehen aus wie Heckenröschen, aber sie gehören zu einer ganz anderen Familie (*Cistáceae*), und als Zwergsträucher mit holzigen Stämmchen sind sie Fremdgänger im Staudengarten. Und doch wäre kein Steingarten, keine Trockenmauer ohne sie denkbar. Der Name macht es klar: Sie sind lichthungrig und verlangen warme, trockene Standorte. Ihre Blütenpracht ist leider von sehr kurzer Dauer (Wildformen nur für einen halben Tag!), und sie sind nicht immer winterhart (mit Reisig abdecken). Man schütze sie auch gegen Nässe und schneide sie nach der Blüte kräftig zurück. Alle Arten sind kalkfreundlich. ☿ VI–VIII. Sortenauswahl: **Gelb :** 'Golden Queen' **(128e)**, 'Gelbe Perle' (gefüllt, langblühend), 'Luteum

Plenum' **(128a)**, 'Sterntaler'. **Weiß :** 'Die Braut' **(128c)**. **Rot :** 'Supreme' **(128b)**, 'Rubin' (langblühend), 'Frau M. Bachthaler'. **Rosa :** 'Lawrenson's Pink' **(128d)**, 'Lachskönigin' (einfach), 'Cerise Queen' (gefüllt). **Braun :** 'Bronce', 'Braungold' (mit gelb). Wildarten für den Steingarten: *H. itálicum* ssp. *alpéstre* (goldgelb, teppichbildend), *H. lunulátum* (büschelig, goldgelb), *H. macedónicum* (dem Boden aufliegend, goldgelb).

129, 130. Sonnenblume *Heliánthus x híbridus.* Diese Art bedarf keiner Vorstellung. Die in diesem Band behandelten ausdauernden Sorten (einjährige s. Band »Sommerblumen«) werden aus praktischen Gründen nicht unter ihren Ursprungsnamen (*H. rígidus, H. scabérrimus, H. decapétalus*) aufgeführt. Alle Sonnenblumen dieser Gruppe sind 120–170 cm hohe Stauden, die am besten wirken, wenn sie in kleinen Gruppen gepflanzt werden. Im Staudenbeet sind sie ausgesprochene Leitpflanzen. Wer einen Komposthaufen oder eine Werkzeughütte verstecken oder eine Werkzeughütte verstecken will, kann sie auch als Tarnung pflanzen. Sie wachsen in nährstoffreicher, lockerer Gartenerde; ihr Wert als Schnittblume ist umstritten. ☿ VIII–IX ✕ ✿. Sortenauswahl: 'Capenock Star' (zitronengelb, einfach), 'Loddon Gold' (goldgelb, gefüllt), 'Multiflorus' (goldgelb, einfach), 'Oktoberstern' (wuchernd, spätblühend, einfach, gelb), 'Miss Mellish' (dunkelgelb, halbgefüllt, wuchernd). Sehr hohe Arten (bis 200 cm) sind *H. gigantéus* und *H. parviflórus.*

131. Papyrus-Sonnenblume *Heliánthus salicifólius* (*H. orgyális*). Diese sehr imposante Pflanze wird bis 250 cm hoch, ist unverzweigt und bis hinauf gleichmäßig mit schmalen, 12–22 cm langen, bogig herabgeschlagenen Blättern bekleidet. Die Blütenköpfchen sind klein, in Rispen angeordnet und haben für diese blattzierende Staude nur untergeordnete Bedeutung. Als Einzelstaude verdient sie mehr Beachtung als bisher und sollte in keinem größeren Garten fehlen. ☿ IX–X ❦.

132. Sonnenauge *Heliópsis helianthoídes.* Der wissenschaftliche Name deutet die Ähnlichkeit mit einer Sonnenblume an. Sie unterscheidet sich von dieser durch das Nichtabfallen der Randblüten. Sie ist standfest, langblühend und – in nährstoffreiche, hin und wieder gedüngte Gartenerde gepflanzt – jahrelang haltbar. Wuchshöhe 110–130 cm. Die als *H. scábra* gehandelte Pflanze ist meiner Meinung nach nur eine scharf-behaarte Form dieser Art. ☿ VII–IX ❦. Sortenauswahl: **Einfach, halbgefüllt :** 'Karat' (120 cm), 'Dauergold' (150 cm), 'Spitzentänzerin' (130 cm), 'Hohlspiegel' (130 cm). **Gefüllt :** 'Goldgefieder' (130 cm), 'Sonnenschild' (140 cm), 'Goldgrünherz' (80 cm).

133. Gelbe Taglilie *Hemerocállis lilioasphódelus* (*H. fláva*). Diese Staude bedeckt als Wildpflanze ein großes Gebiet (von Mitteleuropa bis China und Japan) und gehört im Garten mit ihren duftenden Blüten zu den charmantesten Frühblühern. In lockerer, warmer Gartenerde ist sie ohne Schwierigkeiten zu halten. ☿ IV–V ❦. Eine ähnliche und gleichermaßen wertvolle Wildstaude ist *H. cítrina.*

134. Garten-Taglilie *Hemerocállis x hýbrida.* Diese in allen Farben schillernden Gartenpflanzen haben so viele Vorfahren wie der europäische Adel. Ihre Geschichte würde den Rahmen dieses Buches sprengen. Die meisten Sorten wurden in Großbritannien und den USA gezüchtet. Alle sind anspruchslos, wachsen leicht in warmen, sandigen Böden und sind ansprechende Beetpflanzen. ☿ VI–VIII ❦. Sortenauswahl: (es gibt weit über hundert!): **Gelb :** 'Vespers' (90 cm) (**134b**), 'Queen of May' (50 cm), 'Luteola' (70 cm), 'Citrina' (110 cm), 'Hyperion' (100 cm, großblütig). **Rötlich :** 'Bess Vestal' (80–90 cm) (**134a**), 'Mary Guenther' (90 cm), 'Tejas' (50 cm), 'Sammy Russell' (50 cm), 'Black Cherry' (60 cm). **Rosa :** 'Lady Fair' (90 cm, mit gelb), 'Purple Waters' (60 cm), 'Pink Damast' (90 cm). **Braunrot :** 'Margaret Perry' (110 cm, spätblühend), 'Black Prince' (100 cm).

135. Dunkelrote Christrose *Helléborus atrórubens.* Viele unter diesem Namen verkaufte Pflanzen sind Kreuzungsprodukte zwischen Arten wie *H. abchásicus*, *H. olýmpicus*, *H. odórus* und *H. atrórubens*, aber auch die reinen Arten sind in Kultur. Anwendung und Pflege wie bei der folgenden Art.

136. Christrose, Nießwurz *Helléborus níger.* Ein Winterblüher mit immergrünem Laub aus der Hahnenfußfamilie. Er stammt aus den europäischen Gebirgen und wird schon seit einem halben Jahrtausend im Garten kultiviert. Die kalkfreundliche Pflanze gedeiht am besten im kühlen Lehmboden. Sie liebt ein ungestörtes Dasein, sollte deshalb nicht unnötig versetzt werden. Auch ist sie anfällig gegen kalte Winde, wenngleich winterhart. Wuchshöhe: Laub 15–20 cm, Blüte 20–30 cm. ◐–● (X) XII–III ❦ ❦. Die Sorte 'Praecox' hat rosa getönte Blüten und blüht X–XII. Die Stinkende Nießwurz *H. fóetidus* hat gröbere, palmwedelartige Blätter und bildet bis 50 cm hohe wintergrüne Horste. Die Bunte Frühlingsschneerose (*H. x hýbridus* (*orientalis*-Hybriden mit weiß bis purpurroten Blüten) sind etwa 40 cm hoch. ◐ III–V ❦.

137. Siebenbürgisches Leberblümchen *Hepática angulósa* (*H. transsilvánica*). Diese wintergrüne Staude mit ihren 3–5lappigen, halblederigen Blättern ist mit unserer heimischen Wildpflanze verwandt, aber viel wüchsiger und blüht etwas früher. Sie liebt Kalk, wächst also am besten in lehmigem Waldhumusboden. Läßt man sie in Ruhe, wird sie zu einem zuverlässigen Bodendecker unter Gehölzen für viele Jahre. ◐–● III–IV.

138. Leberblümchen *Hepática nóbilis* (*H. tríloba*, *Anemóne hepática*). Die Wild-

142
145
146
132
133-134
135-136
140-141

125 og 127
128
129
131

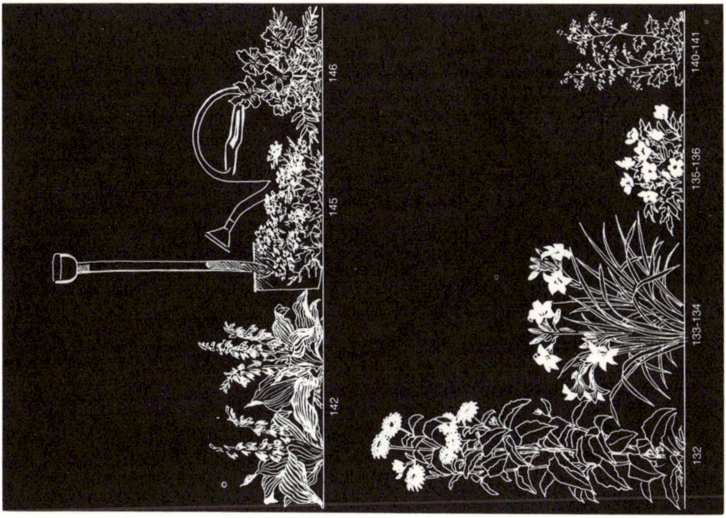

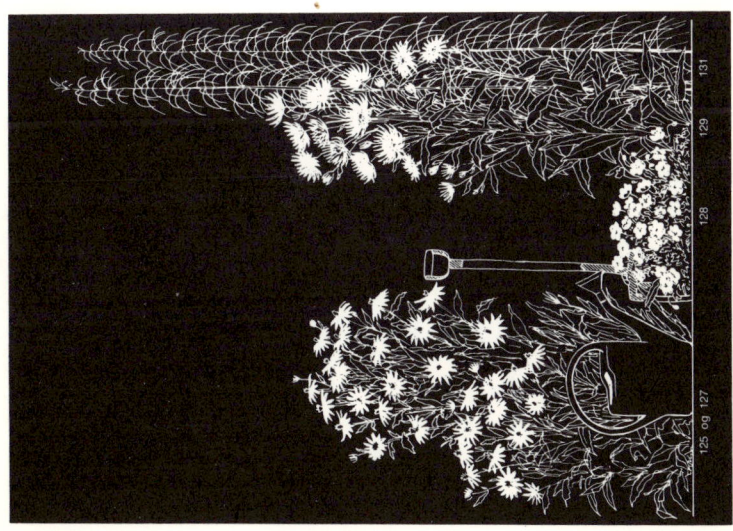

pflanze unserer Wälder wird in mehreren Spielarten (weiß, rosa, blau, violett) kultiviert. Anwendung und Pflege wie für 137. Sorten: 'Alba' (reinweiß); 'Rosea' (hellrosa); 'Flore Pleno' (**138**) (gefüllt).

139. Hufeisenklee *Hypocrépis comósa.* Dieser zierliche Schmetterlingsblütler mit kleinen Blütenköpfchen und zart gefiederten Blättchen wirkt in seiner Bescheidenheit besonders gut zwischen Steinen an warmen Plätzen des Terrassen- oder Steingartens und braucht sandig-humosen Boden. Selten im Handel, kann aber unbesorgt in Einzelstücken im Freien ausgegraben werden. ☿ V–VI.

140. Purpurglöckchen *Héuchera sanguínea.* Diese Kleinstaude mit zierlichen Blütenglöckchen und fast kreisrunden Blättern kommt aus Nordamerika und gehört zur Steinbrechfamilie. Wuchshöhe: Laub 10 cm, Blütenstand 45 cm. Die Pflanze wirkt sehr elegant im Halbschatten, unter Gehölzen oder vor Gebäuden, verträgt aber auch sonnige Stellen des Stein- und Terrassengartens. Sie wächst am besten in nahrhaften, etwas sandig-lehmigen Humusböden. Fast alle Handelspflanzen sind Hybriden. ◑–☿ VI–VIII ✄ ❦. Sorten: 'Feuersprudel','Weserlachs', 'Rakete' (leuchtendrot); 'Titania' (rosa).

141. *Héuchera x brizoídes* 'Gracillima'. Diese Pflanze ist im wesentlichen ein Kreuzungsprodukt zwischen *H. sanguínea* und der härteren *H. americána.* Sie ist weniger attraktiv, vereinigt aber die Farben von *sanguínea* mit dem gesunden, kräftigen Laubwerk des anderen Partners. Anwendung wie 140. Sorten: 'Red Spangles' (60 cm, leuchtend scharlachrot); 'Rhapsody' (rosa), 'Pluie de Feu'. Nicht abgebildet, aber dennoch empfehlenswert für den Steingarten ist die entzückende *x Heucherélla tiarelloídes* (*Héuchera x Tiarélla*) (sollte im Halbschatten stehen!).

142. Grüne Löffelblattfunkie, Lanzenfunkie *Hósta lancifólia.* An dieser Pflanze scheiden sich die Geister: man lehnt sie ab, oder man liebt sie. Die Gattung, auch als Funkia bekannt, gehört zu den Liliengewächsen. Unsere Art wird etwa 30 cm hoch und ist reichblütig. Ihre Blätter sind verhältnismäßig schmal und schlank gestielt. Wegen ihrer bescheidenen Größe ist sie ideal für den kleineren Garten; sie sollte im Gehölzschatten stehen und in nährstoffreichen Gartenböden gepflanzt werden. ◑–● VII–VIII.'Albo-Marginata' (**142**) hat weiße Blattränder.

143. Goldrandfunkie *Hósta fortúnei.* Im Gegensatz zu 142 ist der Blütenstand dieser Art nicht über das prächtige Blattwerk erhoben, und der Blätter wegen wird die Pflanze auch kultiviert. Im Sommer werden Partien des Blattes goldgelb. Die Art braucht viel Platz und sollte nicht in Massen gezogen werden. Sie wird 60–70 cm hoch und braucht sandigen, frischen Humusboden. ◑–● VI–VII. Noch eindrucksvoller ist *H. sieboldiána.* An weiteren Arten sind zu erwägen: *H. plantagínea* (weißblühend, Blätter herzförmig), *H. ventricósa* (sehr robust, etwas glänzend), *H. decoráta* (weißer Blattrand) und *H. unduláta* (gewellte Blätter).

144. Gemskresse *Hutchínsia alpína.* Kleine Polsterpflanze aus der Familie der Kreuzblütler mit fiederteiligen Blättchen. Sie wird etwa 5 cm hoch und gehört in den Steingarten, wo sie in Kalkgeröll oder Kalksteinfugen gut wächst; sie liebt etwas Feuchtigkeit. ☿–◑ V–VI. Wesentlich wüchsiger ist die im Handel erhältliche Pyrenäen-Gemskresse *H. auerswáldii;* ihre Polster werden etwa 8 cm hoch.

145. Schleifenblume *Ibéris sempérvirens.* Ebenfalls ein Kreuzblütler, allerdings hier in der Form eines immergrünen, staudenähnlichen Zwergstrauches. Die Schleifenblume ist für Steingärten, besonders Trockenmauern, unentbehrlich und wegen ihrer Blühfreudigkeit auch als Einfassungspflanze beliebt. Sie sollte in kalkhaltige, sandig-humöse Böden gesetzt werden. Wuchshöhe: 15–25 cm. ☼—◑ IV–VI. Sorten: 'Schneeflocke', 'Findel', 'Climax' (alle wüchsig); 'Weißer Zwerg', 'Little Gem' (niedrige Formen). Für Einfassungen wird empfohlen: *I. sempérvirens* var. *garrexiána.* Schließlich sollte man das Felsen-Schneekissen *I. saxátilis* nicht vergessen, ausgezeichnet für Troggärten und schmale Mauern.

146. Freilandgloxinie *Incarvíllea delawáyi.* Volksnamen trügen oft: diese Pflanze gehört zu den *Bignoniáceae* (Trompetenbaumgewächsen). Sie wächst aufrecht, wird 60–70 cm hoch und ist etwas büschelig. Die fiederschnittigen Blätter stehen in grundständiger Rosette. In lockeren, nährstoffreichen Gartenböden wirkt sie sehr schön zwischen und vor Gehölzen oder in Hausnähe. Ihre Stärke liegt in der exotischen Blüte, ohne sie ist die Pflanze nicht sonderlich schön. ☼—◑ VI–VII. *I. maírei* (*I. grandiflóra*) wird nur 20 cm hoch und hat größere, rosarote Blüten. Zartrosa blüht die 30 cm hohe *I. compácta.* Alle Arten ziehen im Sommer ein!

147. Zwergalant, Schwertalant *Ínula ensifólia.* Dieser äußerst genügsame Korbblütler wird bis 20 cm hoch und blüht unermüdlich. Sein Platz ist im Steingarten oder zwischen den Platten des Terrassengartens. Ohne Schaden übersteht er Trockenperioden. ☼ VII–IX ✿. Wesentlich größer (50–60 cm) und lockerer ist *I. orientális* (*I. glandulósa*) mit orangegelben Blüten.

148. Zwergschwertlilie *Íris púmila.* Nur große Selbstbeherrschung hat verhindert, daß das Kapitel »Iris« nicht alle anderen Pflanzen aus dem Buch verdrängt hat! Über Jahrzehnte schuf die Züchtung in aller Welt hunderte von Sorten, über die nur Spezialliteratur umfassende Auskunft geben kann. Wer sich intensiv mit Schwertlilien befassen will, kann sich auch an die »Deutsche Irisgesellschaft« (I: 230) wenden. – Die echte *I. púmila* ist schaftlos

und eine genügsame Steingarten-, ja sogar Trockenmauerpflanze. Sie hat zahlreiche farbige Gartenformen hervorgebracht. Sie wird 15–30 cm hoch und braucht warme, sandig-humose Böden. ☼ IV–V. Sortenauswahl: 'Aurea' (**148a**), 'Excelsa' (ockergelb), 'Virescens' (gelb), 'Die Braut' (weiß), 'Schneekuppe' (weiß), 'Cyanea' (**148b**), 'Coerulea' (hellblau), 'Souvenir de Lt. X. de Chavagnac' (violett), 'Burgundy' (rötlich). Ebenso anspruchslos ist die reingelbe *I. reichenbáchii.*

149, 150. (13.) Deutsche Schwertlilie *Íris x germánica.* Eine seit Jahrhunderten in Gärten gezogene Schwertlilie und bis heute die populärste Gartenstaude, mit der nur die Rose rivalisiert. Ihre schwertförmigen, blaugrünen Blätter werden bis zu 40 cm lang, und darüber erhebt sich der 3–4 (-5) Blüten tragende Blütenstand. Die Pflanze ist in Blüte so auffallend schön, daß man kaum ebenbürtige Benachbarungen findet. Sie sollte während des Sommers so sonnig und trocken wie nur möglich stehen. Selbst im Herbst und Winter vermeide man zuviel Feuchtigkeit, auf jeden Fall aber Nässe. Nach etwa 5 Jahren ist der Wurzelstock zu teilen und flach (nicht zu tief!), ohne frischen Dünger, in neue Erde zu betten. Gut abgelagerte Komposterde sagt ihr am besten zu; Überdüngung mit Jauche ist schädlich. ☼ V–VI ✿. Sortenauswahl: **Gelb** : 'Mrs. Neubrunner' (**149c**), 'Goldfackel' (**150c**), 'Halolight'. **Goldgelb** : 'Flammenschwert' (mit braun) (**149d**), 'Solid Mahogony' (**150e**) (dunkel mit braun), 'Golden Sunshine', 'Gold Anthem', 'Solid Gold' (dunkel), 'Laura' (dunkel). **Zitronengelb** : 'Große Zitrone', 'Moonlight Madonna'. **Braun** : 'Orelio', 'Arab Chief' (kupferbraun). **Rosa** : 'Red Orchid' (**150b**), 'Happy Birthday' (flamingorosa), 'Rosenquarz', 'Festgesang' (dunkel), 'Pacemaker' (hell), 'Pink Plume' (hell). **Lavendelblau** : 'Mme. Gaudischau' (**150d**), 'Blue Saphire'. **Dunkelviolett** : 'Imperator' (**149a**), 'Black Forest', 'Sable'. **Blau** : 'Rheintraube' (**149b**), 'Corrida' (himmelblau),

'Columbia', 'Regina Maria', 'Harbour Blue'. **Weiß :** 'Cliffs of Dover', 'New Snow', 'White City', 'Pinacle'. **Weißblau :** 'Bright Hour', 'Frosty'. **Glutrot :** 'Technicolor'.

151, 152. Japanische Sumpfschwertlilie *Íris káempferi* und *Íris laevigáta.* Wie der volkstümliche Name richtig sagt, kommen beide Arten aus Japan, wo sie seit langen Zeiten in vielen Formen kultiviert werden. *I. káempferi* unterscheidet sich von *I. laevigáta* durch Blätter mit deutlich erhabener Mittelrippe. *I. laevigáta* verlangt einen feuchten Standort während des ganzen Jahres. *I. káempferi* muß im Frühling und Sommer feucht bis naß (Wassertiefe 0–10 cm) gehalten werden; nach oder während der Blüte ist sie bis zum nächsten Frühjahr trocken zu halten (leicht durch Korbpflanzung zu erreichen). Beide Arten sind kalkfeindlich, doch gibt es heute auch Sorten, die in jedem Gartenboden wachsen; dennoch sollte man Kalk vermeiden, besonders für *I. káempferi.* Aus dem Gesagten wird klar, daß die Japanische Iris am besten für Uferbepflanzungen geeignet ist. *I. káempferi* ☿ V–VII ✄ (bis 85 cm hoch); *I. laevigáta* ☿ VII–VIII ✄ (bis 60 cm hoch). Sorten: Siehe einschlägige Kataloge, besonders Steiger (siehe auch S. 25).

153, 154. Sibirische Schwertlilie *Íris sibírica.* Eine bis 80 cm hohe, straffe, aufrechte Horstpflanze mit schmalen Blättern. Gutes Beispiel eines Namenirrtums: die Pflanze stammt aus Osteuropa und der Türkei. Sie ist im allgemeinen 2–5blütig. Auch sie liebt feuchte Standorte, kann jedoch Trockenperioden gut überstehen. Am besten eignet sie sich für Bach- und Teichränder, aber auch als Rabattenpflanze ist sie zu verwenden. Vertrocknete Blütenstände und Laub sollten im Herbst nicht abgeschnitten werden, weil sie Frost- und Unkrautschutz bilden. ☿ VI ✄. Besonders bewährte Sorten: **Dunkelblau-violett :** 'Caesar' (bis 100 cm), 'Caesar's Brother'. **Mittelblau :** 'Strandperle' (bis 100 cm), 'Gatineau'. **Hellblau :** 'Phosphor-Kanne', 'Thelma Perry', 'Papillon' (etwas silbrig).

155. Fackellilie *Kniphófia x hýbrida.* Der Ursprung aller Gartenformen dieser auffälligen Liliengewächse ist so unklar, daß man am besten alle Pflanzen unter diesem Namen zusammenfaßt und nur die Sorten heraushebt. Sie sind als Langblüher äußerst dankbar; ihr schillernder Blütenstand kontrastiert schön mit den schilfartigen Blättern. Fackellilien verlangen Sommerfeuchtigkeit und frische Gartenerde; im Winter halte man Nässe fern. Man pflanzt sie am besten im späten Frühling (IV/V) oder früh im Herbst (IX/X). Die Blätter sind ihr bester Frostschutz und sollten im Herbst nicht geschnitten werden. ☿ VI–IX ✄. Sorten: **Frühblüher :** 'The Rocket' (orange, 30 cm), 'Earliest of All' (orange, 70 cm), 'Elegans Multicolor' (rot-gelb-orange, 100 cm), 'Express' (rötlichgelb, 80 cm), 'Corallina' (korallenrot, 100 cm). **Spätblüher :** 'Cardinal' (leuchtendrot, 100 cm), 'Goldelse' (gelb, 80 cm), 'Canary' (gelb, 140 cm!), 'Schneewittchen' (weißlich, 100 cm), 'Maid of Orleans' (elfenbein, 75 cm) (**155 b**), 'Vuurflame' (rot-gelb, 100 cm), 'Amato' (leuchtendorange 150 cm), 'Royal Standard' (orange-scharlachrot, feine Schnittblume). Für den Steingarten wähle man *K. galpínii* (hell-orange, 50–60 cm).

156. Kletter-Platterbse *Láthyrus latifólius.* Eine erbsenähnliche, duftlose Kletterpflanze mit bis zu 250 cm langen Stengeln. Vorzüglich für Draht- und Holzlattenzäune geeignet, unverwüstlich und denkbar anspruchslos; einfache Gartenerde sagt ihr zu. ☿ (VI) VII–IX (X). Sorten: 'Roseus' (**156**), 'Rosa Queen' (malvenrosa), 'White Queen' (weiß, langblühend VI–X).

157, 158. Frühlingsplatterbse *Láthyrus (Órobus) vérnus.* Im Gegensatz zu voriger Art nicht kletternd. Sie wächst büschelig, wird bis 30 cm hoch und ist einzeln im Unterholz gepflanzt am wirksamsten. Am besten gedeiht sie in Waldhumusboden. ◑—● III–IV ❦. 'Albo Roseus' (158) hat weißrosa Blüten.

159. Edelweiß *Leontopódium alpínum*. Nicht allzuviel Eindruck läßt sich mit ihm machen! Es wird im Garten nur edelgrau und oft unschön lang. Besser und reicher blühend sind für den Steingarten zu empfehlen: *L. palibiniánum, L. calocéphalum, L. sibíricum* und *L. souliéi*. Sie alle sind lichtbedürftig und verlangen durchlässigen, kalkschottrigen Rasenboden. Am besten jedes zweite Jahr teilen! ☿ VI–IX (X) ❧.

160. Prachtscharte *Liatris spicáta*. Ein eigenartiger Korbblütler mit ährigen Blütenständen, die von oben nach unten erblühen, und mit weidenartigen Blättern. Die Stengel werden bis 80 cm hoch, sind aufrecht und unverzweigt. Eine Sonnenpflanze für warme, lockere Gartenböden; gute Beetpflanze, wenn nicht zu dicht gestellt. ☿ (VI) VII–X ❧ ❦. Die Zwergform 'Kobold' wird nur 40 cm hoch und blüht von IV–X. Leuchtend purpurrote Blütenköpfchen hat *L. spicáta* var. *callilépis*.

161. Stern-Ligularie *Ligulária (Senécio) clivórum*. Botaniker sprechen diesen Korbblütler heutzutage als zu *Senécio* (Greiskraut) gehörig an. Diese markante Staude wird bis 120 cm hoch und stellt oft sich widersprechende Ansprüche: Kühl, schattig und feucht. Kühl kann es im Hausschatten sein, aber niemand will dort Feuchtigkeit. Am besten steht sie an Bach- oder Teichrändern unter Bäumen oder zwischen großen Bambus, wo sie mit ihren zierenden großen Blättern am besten wirkt. ◑ VII–X ❦. Sorten: 'Desdemona' und 'Othello' mit rötlichen Blättern. Schön ist auch das verwandte, noch wuchtigere Tanguten-Kreuzkraut *Ligulária (Senécio) tangútica*; es neigt aber zum Wuchern!

162. Abruzzen-Leinkraut *Linária (Cymbalária) pállida*. Zierliche Staude mit löwenmaulähnlichen Blütchen (aber spitzer Sporn!), die etwa 5 cm hoch wird. Idealer Schmuck für schattige Mauern und Brunneneinfassungen; doch halte man die Pflanze wie auch das verwandte Zimbelkraut *L. cymbalária (L. murális)* vom Steingarten fern; es wird leicht zu einem lästigen, schwer ausrottbaren Unkraut. ◉—◑ (●) (V) VI–IX (X). Sehr geeignet für den Steingarten sind das Alpenleinkraut *L. alpína* (durchlässiger, kiesiger Boden) und *L. dalmática*, das bis 100 cm hoch wird und Trockenhänge liebt.

163. Staudenlein *Linum perénne*. Dieser hübsche Abkömmling der Flachsfamilie hat trotz der Namensähnlichkeit nichts mit der vorigen Pflanze gemein. Er wird bis 65 cm hoch und wirkt am besten, wenn er im Steingarten in kleinen freien Gruppen zwischen gelben Nachbarn gepflanzt wird. Nach der Samenreife Pflanze zurückschneiden! ☿ V–VII. Ähnlich, aber vielleicht noch schöner, ist das sattblaue *L. narbonénse*. Darüberhinaus sind für den Steingarten zu empfehlen: *L. hypericifólium* (lilarosa), der Gelbe Lein *L. flávum*, *L. iberidifólium (L. élegans)* (gelb, mattenbildend), *L. salsoloídes* (rosaweiß) und *L. austríacum* (azurblau).

164. Hornklee *Lótus corniculátus*. Diese heimische Wildstaude aus der Familie der Schmetterlingsblütler ist mit einer gefüllten Form 'Pleniflorus' im Handel. Im Steingarten ist sie ein anspruchsloser, langblühender Lückenfüller, wird 8–12 cm hoch und wächst in jeder Gartenerde. ☿ V–VIII.

165. (14.) Gartenlupine *Lupínus x hýbridus*. Leber- und Gallenleidende und andere Unduldsame sollten Lupinen im Garten meiden, denn sie sind selbst für den Berufsgärtner Sorgenkinder. Zumindest verwende man sie nicht als Leitpflanzen im Staudenbeet. Nach der Blüte sind sie meistens unschön und sollten bis zum

Boden zurückgeschnitten werden. Die Blüte selbst läßt sich durch ständiges Beschneiden verlängern. Lupinen brauchen durchlässige Gartenerde und sind fast ausnahmslos kalkunverträglich! ☼—◐ VI–VII (IX) ✄. Sortenauswahl: **Weiß:** 'White Queen', 'Fräulein'. **Rosa:** 'Rosenturm', 'Rosenquarz', 'Elsie Waters' (mit weiß), 'Joan of York' (mit weiß). **Blau:** 'Admiral' (mit gelb), 'Saxe Blue', 'Black Knight' (blauviolett). **Leuchtendrot:** 'City of York', 'Mein Schloß', 'Red Emperor', 'Maharani'. **Gelb:** 'Golden Queen'.

166. Goldfelberich Lysimáchia punctáta. Für den Nichtfachmann schwer begreiflich: diese 70–90 cm hohe, stark belaubte Staude gehört zur Familie der Primelgewächse. Sie ist vor oder zwischen Gehölzgruppen geeignet, paßt auch in den Haus- oder Mauerschatten und braucht frischen, nährstoffreichen Boden und Feuchtigkeit. ◑—● VI–VIII. (Siehe auch 171).

167. Pfennigkraut, Münzkraut, Hellerkraut Lysimáchia nummulária. Ein völlig anderer Charakter! Die Triebe schmiegen sich dem Boden an und bilden lockere Matten, von denen sich die gelben Blüten 5 cm erheben. Ähnlich zu verwenden wie 166, macht sich auch schön an Bachrändern und zwischen Trittsteinen. ◑—● V–VII. Die Sorte 'Aurea' hat goldgelbe Blätter, ist aber nicht immer leicht zu halten.

168. Kronen-Lichtnelke Lýchnis coronária. Diese bis 70 cm hohe Staude mit ihren etwas silbrigen Blättern verschwindet nach zwei Jahren, ohne – streng genommen – eine zweijährige Pflanze zu sein. Oft sät sie sich aber selbst aus und garantiert so ihre Beständigkeit. Sie wächst in Gartenerde. ☼—◐ VI–VII ✄. Ähnlich und auch mit gleichen Ansprüchen ist die rosablütige Jupiter-Lichtnelke L. flós-jóvis. Die lachsfarbig blühende

Kreuzung L. x haageána ist vielleicht noch schöner, aber nicht leicht zu halten.

169. Brennende Liebe Lýchnis chalcedónica. Wenn in Blüte, ist sie mit ihrem leuchtenden Rot eine unserer schönsten Sommer-Beetstauden. Sie wird 70–85 cm hoch und liebt frischen, kräftigen Gartenboden. Nach der Blüte wirkt sie unschön, auch ist sie anfällig für Wurzelläuse. ☼ VI–VII ✄.

170. Alpen-Pechnelke Lýchnis alpína. Was ihr an Größe fehlt, gleicht sie durch Blühkraft aus. Diese Zwergstaude, beheimatet im Hochgebirge, wird etwa 10 cm hoch; der unverzweigte Stengel erhebt sich aus der Mitte einer Blattrosette. Sie gehört in den Steingarten, muß aber als kalkscheue Pflanze auf neutralem Boden wachsen oder sollte ins Moorbeet gepflanzt werden. ☼ VI–VII.

171. Entenschnabel-Felberich Lysimáchia clethroídes. Diese Pflanze mit ihren leicht überhängenden oder gebogenen, weißen Blütenständen ist nahe mit 166 verwandt und stellt die gleichen Ansprüche.

172. Blutweiderich Lýthrum salicária. Diese Wildpflanze wird in einigen Gartenformen kultiviert. Sie wird 80–150 cm hoch und wirkt büschelig. Wie in der Natur, fühlt sie sich an feuchten, ja sogar nassen Standorten am wohlsten (Teichufer, Bachränder, Sumpfwiesen), wächst aber auch – nicht so üppig – in normalem Gartenboden. ☼—◐ VII–IX ❀. Sorten: 'Mordon's Pink' (tiefrosa, 70 cm), 'Rakete' (tiefrosa, 150 cm), 'Robert' (karminrot, 80 cm), 'Feuerkerbe' (rosarot, 150 cm), 'Lady Sackville' (rosapurpurn). Zierlicher als diese Art und rosarot blühend ist L. virgátum 'Rose Queen'.

173. Federmohn Macleáya cordáta. Die unscheinbaren und nicht besonders dekorativ wirkenden Blüten dieser Großstaude lassen schwer erkennen, daß die Pflanze zu

177
179
180
169
172
173
174

148
149-150
155
159
160
163
164
165

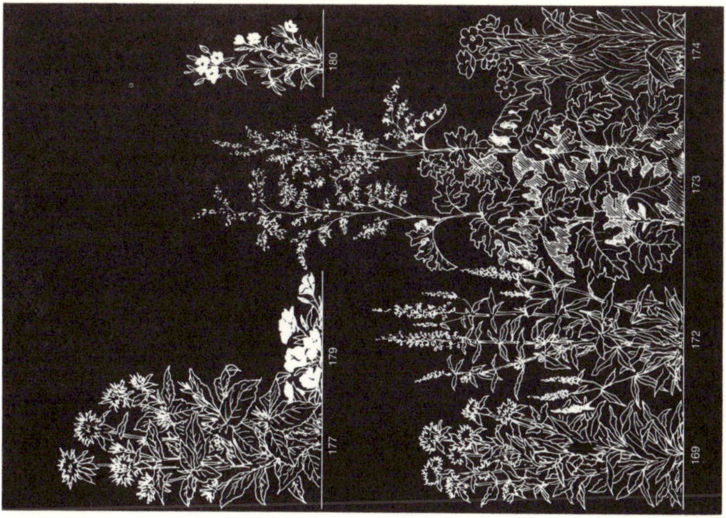

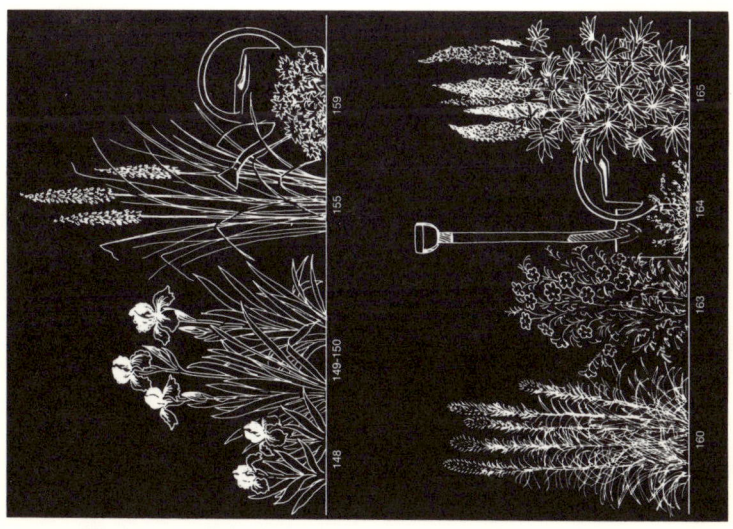

den Mohngewächsen gehört. Sie wird bis 250 cm hoch und bildet umfangreiche Büsche. Man muß ihr viel Platz einräumen und als Solitärstaude einen Ort zuweisen, wo sie mit der Pracht ihres blaugrünen Laubes voll zur Wirkung kommt. Da sie sehr wuchert, sollte man sie in einen lotrecht eingegrabenen Ton- oder Zementzylinder (Kanalröhre) einpflanzen oder zumindest in der am wenigsten gewünschten Wucherrichtung eine Scheidewand (Teerpappe oder Eternitplatte) eingraben. ◐—◑ VII–VIII ❦. Sorten: 'Kelway's Coral Plume' (173) (rosa behaucht), 'Alba' (großblütig, weiß).

174, 175. Tibetanischer Scheinmohn *Meconópsis bayléyi* (*M. betonicifólia*). Meconópsis unterscheidet sich von Papaver (Echter Mohn, siehe 184) durch gestielte Griffel und eine sich mit Klappen öffnende Kapsel. Mit seinen rein blauen, hauchzarten Blüten wirkt der Scheinmohn sehr apart zwischen immergrünem Gesträuch, auch an Wasserläufen unter Bäumen macht er sich gut. Leider gehört er zu den Liebhaberpflanzen und ist etwas tückisch. Der Anfänger wird ihn jedes Jahr frisch kaufen müssen. Er verlangt durchlässigen, humusreichen Boden, der feucht zu halten ist; Kalk ist Gift für ihn. ◐—● VI–VIII.

176. Blauglöckchen *Merténsia primuloídes*. Seine Verwandtschaft mit dem Vergißmeinnicht ist offensichtlich. Es wird kaum 15 cm hoch und hat seinen Platz im Steingarten, wo es lockere Matten bildet. Man pflanzt es am vorteilhaftesten in humosen Boden. ◐ V–VII. Ähnliche Ansprüche stellt die bis 40 cm hoch werdende *M. virgínica* (*M. pulmonarioídes*).

177. Indianernessel *Monárda x hýbrida*. Dieser interessante Lippenblütler aus Nordamerika wird seit über zweihundert Jahren in Europa kultiviert. Ähnlich wie der Salbei, und verschieden von fast allen Lippenblütlern, besitzen die Blüten nur 2 Staubblätter. Die Pflanze wird bis 125 cm hoch und treibt kräftige Ausläufer;

man muß ihr deshalb reichlichen Platz zugestehen. Sie wächst in lockerem Gartenboden und benötigt in der Hauptwachstumsperiode ständige Feuchtigkeit. ◑ (◌) VII–IX ✿ ❦. Sorten: 'Blaustrumpf' (**177a**), 'Prärienacht' (ähnlich), 'Schneewittchen' (**177b**), 'Cambridge Scarlet' (**177c**), 'Präriebrand' (ähnlich), 'Croftway Pink' (**177d**); 'Adam', 'Pillar Box' und 'Prärieglut' sind leuchtendrot. Die diesen Sorten zugrunde liegenden Elternpflanzen *M. dídyma* und *M. fistulósa* sind manchmal im Handel, aber nicht so empfehlenswert.

178. Katzenminze *Népeta x faassénii* (*N. mussínii* hortorum). Dieser bis 30 cm hohe Lippenblütler ist an Anspruchslosigkeit und Blühwilligkeit kaum zu übertreffen. Kaum etwas macht eine Katze glücklicher als der Duft dieser Pflanze! Katzenminze wirkt am besten in Terrassen (zwischen Rosen) und Steingärten und verträgt trockenen Boden. ☼ VI–IX ❦. Die Sorte 'Blauknirps' wird nur 15 cm hoch. *N. grandiflóra* 'Blue Beauty' wird 60 cm hoch und besitzt leuchtend blaue Blüten.

179. Missouri-Nachtkerze *Oenothéra missouriénsis*. Diese großblumige Nachtkerze hat glänzendgrüne Blätter. Ihre Triebe sind niederliegend und bis 35 cm lang. Die hellgelben Blütenblätter sind bis 5 cm lang und breit und nehmen später einen rötlichen Ton an. Die Pflanze braucht Platz und wirkt gut in Terrassengärten, über Steinplatten wachsend oder von Trockenmauern herabhängend. Sie ist kalkfreundlich und braucht warme Böden; Winternässe sagt ihr nicht zu. ☼ VII–IX ❦. Schön ist auch die nachts blühende weiße *O. caespitósa* für ähnliche Standorte.

180. Bronzeblatt-Nachtkerze *Oenothéra gláuca*. Im Gegensatz zur vorigen, ist diese Pflanze aufrecht, wächst büschelig und wird bis 60 cm hoch. Sie besitzt schöne bronzefarbene Blattrosetten und dunkelrote Blütenknospen. Man pflanzt sie in den Steingarten oder an warme Plätze im Staudenbeet; sie wirkt sehr schön neben blauem Rittersporn. ☿ VI–VIII 🦋.

181. Frühlings-Gedenkemein *Omphalódes vérna.* Bild und Name machen die Verwandtschaft zum Vergißmeinnicht klar. Als ausgesprochene Schattenpflanze fühlt sie sich in Waldhumusboden im Gehölzunterwuchs am wohlsten. Sie bedarf keiner Pflege: einmal gepflanzt, erscheint sie jedes Frühjahr erneut und vermehrt. ●—◑ IV–V. Für den Steingarten empfehlen sich *O. cappadócica* (sonnig, bis 15 cm hoch) und *O. lucíliae* (absonnige Felsfugen in humosem Boden).

182. Geflecktes Knabenkraut *Órchis maculáta.* Schon bei 90 wurde angedeutet, daß Orchideen nur selten im Garten erfolgreich sind. Der Anfänger sollte auf jeden Fall seine Finger davon lassen. Wer eine etwas feuchte Wiese im Garten hat, kann freilich diese Pflanze in stark humoser Rasenerde kultivieren. Da sie selten im Handel ist, sollte man unbedingt der Versuchung widerstehen, sie im Freiland auszugraben (die Pflanze würde auch die Umstellung kaum überleben).

183. Waldsauerklee *Óxalis acetosélla.* Wie in der Natur, will dieses entzückende Pflänzchen in kühlem, feuchtem Waldhumusboden und in Baum- oder Strauchschatten wachsen. Wer schattenspendende Bäume im Garten hat (Kastanien ausgeschlossen), sollte in ihrem Schatten *Oxalis*, neben Zahnwurz (*Dentária digitáta*), Schattenblume (*Majánthemum bifólium*), Silberblatt (*Lunária redivíva*) und Anemonen (*A. nemorósa* und *A. ranunculoídes* (35)) pflanzen. ●—◑ (IV) V–VI.

184. Türkenmohn *Papáver orientále* var. *bracteátum.* Diese prächtige Pflanze bedarf keiner Beschreibung; sie wird 60–120 cm hoch und kommt in vielen Farbvarianten auf den Markt. Gartenmohn ist an-

spruchslos, wächst aber am besten in kalkhaltigem Gartenboden. Nach der – leider äußerst kurzen – Blüte wird er unansehnlich und muß zurückgeschnitten werden. Kränkelnde oder gelblaubige Pflanzen werden am besten ausgerottet und durch Neukauf ersetzt. Erfolg mit Mohn ist Glückssache! ☿ V–VII 🐝. Sorten: 'Feuerriese' (**184a**) (80 cm), 'Mrs. Perry' (**184b**) (80 cm), 'Kalif' (**184c**) (90 cm), 'Sturmfackel' (feuerrot, 50 cm), 'Beauty of Livermere' (leuchtendrot, 90 cm), 'Funkturm' (dunkelrot, 120 cm), 'Perry's White' (weiß, 80 cm).

185. Islandmohn *Papáver nudicáule.* Dieser zierliche, bis 35 cm hohe Mohn blüht sehr lange und kommt in weiß, gelb oder in rötlichen Tönen vor. Am besten wirkt er im Stein- oder Terrassengarten. Da er sich selbst aussät, ist etwas Vorsicht geboten. ☿ V–IX. Sorten: 'Album' (**185a**), 'Kardinal' (**185b**), 'Luteum' (**185c**), 'Gelbes Wunder' (ähnlich), 'Pink Champagner' (weinrot). Darüber hinaus sollten den Steingarten zieren: Echter Alpenmohn, *P. alpínum* und *P. pyrenáicum*; beide wachsen am besten in Schotter. *P. monánthum* blüht orangegelb, wird aber durch Selbstaussaat sehr lästig.

186. Paradieslilie *Paradísia liliástrum.* Wer sie in den Südalpen hat blühen sehen, kann sie im Garten nicht mehr missen. Sie wird bis 70 cm hoch und wirkt mit ihren grasartigen Blättern und reinweißen Blütentrichtern im Steingarten besonders attraktiv zwischen Staudenlein (**163**). Man beachte, daß sie kalkarme Böden am besten verträgt. ☿—◑ V–VI 🐝.

187. Schildblatt *Peltiphýllum peltátum.* Was die Abbildung nicht zeigt: diese bis 100 cm hohe Prachtstaude aus der Steinbrechfamilie hat große, krautige, bis 30 cm breite und 45 cm hohe, schildförmige Blätter, die erst nach der Blüte erscheinen. Diese blattzierende Pflanze braucht viel Platz und sollte in Einzelstellung am Teichrand oder Bachufer stehen, am besten im Schatten großer Ziergehölze. Sie verlangt humusreichen Boden. ◑—◌ V.

188. Teppichphlox *Phlóx subuláta.*
Phlox gehört zur Familie der Himmelsleitergewächse und ist in Nordamerika beheimatet. Diese Art ist mattenbildend und eine der populärsten Stein- und Terrassengartenpflanzen; sie wird 10–17 cm hoch. Seit über einem Jahrhundert hat die Gärtnerkunst unzählige Formen gezüchtet. Manche sind so blühfreudig, daß ihr Blattwerk von einem geschlossenen Blütenteppich verdeckt wird. Sie verlangen warme, durchlässige Böden und sind gegen Nässe und Winterkälte empfindlich. ◌ V–VI. Sorten (man sollte mehrere, aufeinander abgestimmte Farbarten pflanzen, um Eintönigkeit zu vermeiden): 'Moerheimii' (**188a**), 'G.F. Wilson' (**188b**), 'Elfe' und 'Lilakönigin' (schieferblau), 'Atropurpurea' (**188c**), 'Sprite' (rosa), 'Temiscarming' (**188e**), 'Rotkraut' (ähnlich), 'Nivalis' (**188d**), 'Maischnee' (ähnlich). Andere Steingartenarten: *P. x douglásii* (5–10 cm, rosalila), *P. amóena* (20 cm, karminrot), *P. divaricáta* (20 cm, lilablau), *P. réptans* (20 cm, rosa). Winzig ist *P. bryóides*; er blüht weiß und hat silbergraue Blättchen (Troggartenpflanze).

189, 190. (16.) Hoher Staudenphlox
Phlóx paniculáta. Eine der besten und dankbarsten Beetstauden. Ihre duftenden Blütenstände, auf 60–120 cm hohen, aufrechten, nach oben hin verzweigten Stengeln, sind so auffällig, daß Pflanzung in kleinen Gruppen oder sogar Einzelstand am schönsten aussieht. Wie bei der vorigen Artgruppe empfiehlt sich auch hier das Gemischtpflanzen verschiedener Sorten. Für eine erfolgreiche Nachblüte ist das Beschneiden einiger Blütentriebe gegen Ende Juni vorteilhaft. Allgemein gilt, daß weißrosa- oder violettblühende Sorten wüchsiger und härter sind als karmesin- und scharlachrotblühende. Alle Sorten tolerieren leichten Schatten und gedeihen am besten in neutralem bis leicht saurem, durchlässigem, humosem Garten-

boden, den man nie völlig austrocknen lassen sollte. ◌ VI–IX. Auswahl bewährter Sorten: **Weiß:** 'Mia Ruys' (189), 'Schneeberg', 'Schneeferner', 'Pax' (spätblühend), 'Schneerausch' (spätblühend, 110 cm), 'Kirmesländer' (**190a**) (spätblühend, 130 cm, mit rotem Auge), 'Europa'. **Rosa:** 'Milly van Hoboken' (**190b**), 'Riverton Jewel' (**189a**), 'Jules Sandeau' (**189k**), 'Mies Copijn' (**189l**), 'Fesselballon' (**189p**), 'Rheinländer' (**189g**), 'Frauenlob' (120 cm), 'Landhochzeit' (130 cm), 'Bornimer Nachsommer' (spätblühend), 'Württembergia' (braucht Lehmboden), 'Gnom'. **Lachsorange:** 'Frau Alfred von Mauthner' (= 'Spitfire') (**189j**), 'Gruppenkönigin' (**189d**), 'Orange (**189s**) (spätblühend), 'Spätrot' (**189b**) (spätblühend). **Leuchtendrot:** 'Fanal' (**189m**), 'Augustfackel' (spätblühend), 'Starfire' (**189o**). **Rosakarmin:** 'Salmon Glow' (**189r**), 'Rosenteller', 'Dorffreunde' (spätblühend). **Rotviolett:** 'Purpurkrone' (**189h**), 'Aida', 'Paul Hoffmann' (spätblühend). **Violett:** 'Teutonia' (60 cm), 'Furioso', 'Abenddämmerung', 'Amethyst' (**189e**), 'Wilhelm Kesselring' (**189n**), 'Wider'. **Bläulich:** 'Sternhimmel' (**189c**), 'Prospero' (130 cm), 'Wanadis' (**189q**), 'Pimp'.

191. Lampionpflanze *Phýsalis franchéttii.* Besonders Kinder haben an diesem Nachtschattengewächs viel Freude. Die Hauptattraktion ist der zur Fruchtreife ballonartig vergrößerte, pergamentartige Blütenkelch, der eine orangenartige Beere umhüllt. *Phýsalis* wächst selbst auf steinigem Boden und verträgt etwas Schatten; Kalk sagt ihr zu. Bei der Pflanzung ist Vorsicht geboten, da sie leicht wuchert. Getrocknet bildet sie einen schönen, wenn auch staubigen Zimmerschmuck. ◌ VII–VIII ✄. Die heimische Judenkirsche *P. alkekéngi* ist weniger robust und etwas behaart, eignet sich aber auch gut für den Garten.

192. Gelenkblume *Physostégia virginiána.* Dieser Lippenblütler aus Nordamerika wird im Englischen "Obedient Plant" genannt, und in der Tat ist sie auch gehorsam: Die Einzelblüten lassen sich künstlich, als hätten sie Gelenke, seitwärts bewegen, ohne von selbst in die Ausgangsstellung zurückzukehren. Auf diese Weise kann man den ganzen Blütenstand verändern. Auch sonst ist diese, bis 100 cm hohe Staude sehr duldsam und wächst in ordentlichem Gartenboden, der nicht zu trocken sein sollte. ☼ VIII–IX ✄. Sorten: 'Vivid' (192) (weinrot), 'Alba' (weiß) und 'Summerspire' (rosa).

193. Kermesbeere *Phytolácca americána* (*P. decándra*).

Vertreter einer kleinen Pflanzenfamilie, deren Blüten keine deutlichen Kelch- und Blumenblätter entwickeln. Die Frucht ist fleischig. *P. americána* ist eine mächtige, bis 200 cm hohe Staude und durch ihre tintenfarbigen Fruchtstände auffallend. Sie sollte nur in großen Gärten oder in Parkanlagen gepflanzt werden. Zur Not eignet sie sich auch zur Tarnung von Kohlen- oder Heizölbehältern. Mir gefällt sie nicht. ☼—◑ VI–X.

194. Himmelsleiter, Jakobsleiter *Polemónium réptans*.

Eine mit Vorbehalt zu empfehlende Staudenpflanze; sie macht sich gern im Garten breit. Sie wird 30–40 cm hoch und wächst am besten zwischen oder vor Ziergehölzen in nährstoffreichen frischen bis feuchten Böden. ☼—◑ V–VII ✄ ✿. Sorten: 'Blue Pearl' (azurblau), 'Königsee' (tiefblau).

195. Himmelsleiter, Sperrkraut *Polemónium coerúleum*.

Der vorigen Art ähnlich; als Wildpflanze über ganz Europa verbreitet. Sie ist wüchsiger und wird bis 70 cm hoch. ☼—◑ V–VII (VIII) ✄ ✿. Sorten: 'Album' (weiß), 'Pallidum' (blaßblau); 'Grandiflorum' (= *P. x richardsónii*) wächst in kompakten Büschen und wird 40 cm hoch. Fleischfarbene Blüten hat *P. cárneum*.

196. (17.) Vielblütige Weißwurz *Polygónatum multiflórum*.

Dieses heimische Liliengewächs unserer Wälder wird in größeren Gärten weniger wegen seiner Blüten als wegen seiner vornehm geschwungenen Wuchsform geschätzt. Als Schattenstaude paßt es am besten in die unter 183 beschriebene Gesellschaft und verlangt kühlen Waldhumusboden. Im Steingarten wirkt es zierend zwischen Bergkiefern. ◑—● V–VI. Ähnlich verwendbar sind Salomonsiegel *P. odorátum* (*P. officinále*) und *P. commutátum* (*P. gigantéum*), das bis 120 cm hoch wird. Für den Steingarten wäre noch *P. falcátum* aus Japan zu erwähnen; es wird nur 15 cm hoch.

197. Hirschzungen-Knöterich *Polýgonum bistórta* 'Superba'.

Unter den Knöterichen unserer Flora ist nur dieser schön genug, um im Garten gehalten zu werden. Er wird bis 80 cm hoch; seine dichten, ährigen rosa Blütenstände stehen aufrecht auf schlanken, aber kräftigen, beblätterten Stengeln. Er wirkt als Farbkontrast zwischen oder vor Ziergehölzen und braucht frischen bis feuchten Waldhumusboden. ◑—☼ V–VI ✄. Für Steingärten sollte man jedoch besser folgende Ausländer ins Auge fassen: *P. affíne* mit den Sorten 'Darjeeling Red' und 'Lownde's variety' (teppichbildende Kriechpflanze mit rosa Blüten, gut für Trockenmauern). Weißblütig ist die zwergige *P. tenuicáule* (10 cm, IV–VI); *P. sphaerostáchyum* (50 cm, aufrecht, karminrot) ist ein feiner Herbstblüher.

198. Ballonblume *Platycódon grandiflórum*.

Ihren Namen verdankt sie den ballonartig erweiterten Blütenknospen; auch in einigen anderen Merkmalen ist sie von der ihr verwandten Glockenblume verschieden. Sie wird bis 45 cm hoch und besitzt einen dicken, rübenartigen Wurzelstock. Sie liebt nährstoffreiche, frische Böden und paßt sich vor oder zwischen Gehölzen gut ein. ◑—☼ VII–VIII ✄. Sorten: 'Apoyama' (blauviolett, nur 20 cm, feine Steingartenpflanze), 'Mariesii'

(198) (leuchtend blau), 'Album' (weiß), 'Perlmutterschale' (rosa, bis 60 cm hoch).

199. Garten-Fingerkraut *Potentílla x hýbrida.* Die üppigen Gartenpotentillen sind aus Arten des Himalaja wie *P. atrosanguínea* und *P. argyrophýlla* entstanden. Sie werden bis 40 cm hoch (Laub bis 25 cm) und haben unterseits silbrige Blätter. Für den Steingarten sind sie zu üppig, passen aber gut in das Staudenbeet vor Ziergehölzen. ☼ VI–VII ✄. Die üblichste Sorte ist 'Gibson's Scarlet'. Ähnlich, aber mit rosakarminfarbigen Blüten ist das Nepal-Fingerkraut *P. nepalénsis* mit der bekannten Sorte 'Miss Willmott'.

200. Gold-Fingerkraut *Potentílla áurea.* Außer der strauchigen *P. fruticósa* hat von den europäischen Arten nur diese büschelig wachsende Pflanze einen Dauerplatz im Garten gefunden. Im Steingarten bildet sie lockere Matten, deren goldgelbe Blütchen einen schönen Kontrast mit blauen *Verónica*-Arten bilden. Die Pflanze wird bis 10 cm hoch; ihre Blättchen sind unterseits seidig behaart. ☼ V–VI ✄. Weitere Steingartenstauden dieser Gattung sind *P. speciósa* aus Kleinasien, *P. ambígua* vom Himalaja sowie die graufilzige *P. fragifórmis. P. rupéstris* 'Pygmaea' ist weißblühend und sollte nicht ganz vergessen werden.

201. Alpenaurikel *Prímula aurícula.* Sie ist eine der wenigen europäischen Gebirgsprimeln, die sich zufriedenstellend auch im Tiefland in Gärten kultivieren läßt. Die echte Wildpflanze besitzt gelbe Blüten, die in Dolden zu 6–8 vereinigt einem Stengel aufsitzen, der die Blätter kaum überragt; die Blütenkelche sind auffällig mehlig bestäubt. Diese echte Alpenaurikel sollte im Steingarten auf absonnigen Hängen, oder besser noch in Felsfugen stehen. Sie braucht kalkhaltigen, frischen, mit Schotter durchmischten Humusboden. Wuchshöhe etwa 10 cm. ☼ V–VI. Die unter der gleichen Nummer

abgebildeten farbigen Formen sind Gartenaurikeln, *P. x pubéscens* (sicherlich *P. aurícula x P. hirsúta = P. rúbra*). Sie sind weniger anspruchsvoll und gedeihen in jedem Gartenboden.

202. Tibetanische Sommerprimel *Prímula floríndae.* Erst im Jahre 1924 wurde diese robuste, bis 85 cm werdende, reichblütige Primel im östlichen Himalaja entdeckt und nach England eingeführt. Zu Unrecht ist sie in unseren Gärten noch immer selten anzutreffen. Sie wächst ohne Schwierigkeit im Baumoder Hausschatten in durchlässigem, mit Torf vermischtem Gartenboden oder in Moorböden. Sie will feucht, ja, sogar naß stehen. ☽ VI–VII (✄). Kleiner, vielleicht eleganter, doch nicht so blühfreudig ist *P. sikkiménsis.* Gibt man ihr hinreichend Feuchtigkeit, so wächst sie wie die andere.

203. Himalaja-Primel *Prímula rósea.* Diese zarte Pflanze wird etwa 10 cm hoch, ihre Blüten erscheinen im Frühling vor den Blättern. Die Wildform ist leider selten im Handel (meistens erhält man die 20 cm hohe 'Gigas' oder die var. *grandiflóra.*) Diese Pflanze braucht soviel Feuchtigkeit, daß man sie in lehmig-humosem Boden in Wassernähe halten sollte. Wegen ihrer auffallend karmesinrosa Blüten kann sie gut allein stehen. ☽ (IV) V–VI. Ähnlich im Aussehen, aber bescheidener ist die Mehlprimel *P. farinósa* unserer Alpen; sie gehört ins Moorbeet.

204. Tibet-Primel, Orchideenprimel *Prímula viálii* (*P. littoniána*). Dieser außerordentliche Sonderling unter den Primeln sollte den Ehrgeiz jedes Amateurgärtners ansprechen. Die Pflanze ist robust, wird 50–60 cm hoch und trägt einen von rostroten Knospen gekrönten, konischen Blütenstand. Sie will im Baumschatten stehen und verlangt humosen Boden. Sie ist sehr kurzlebig. ☽ VI–VIII ✄.

202
204
205-206
209
210
212
216 og 219-220
221
222-223
225

192
196
200
201
184
185
188
189-190

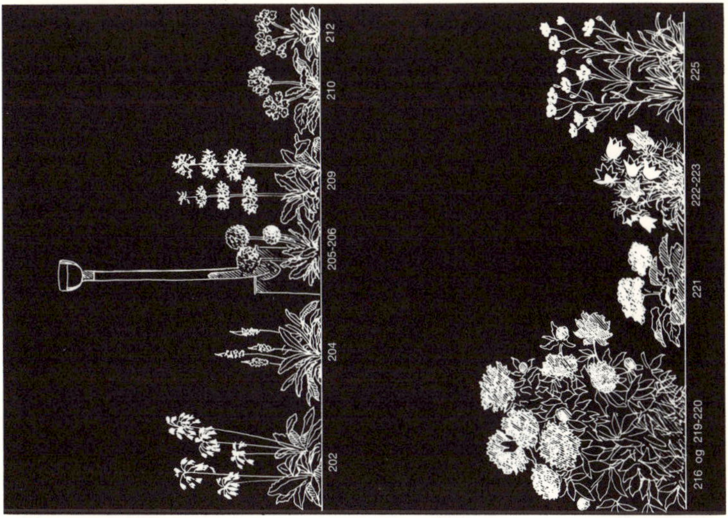

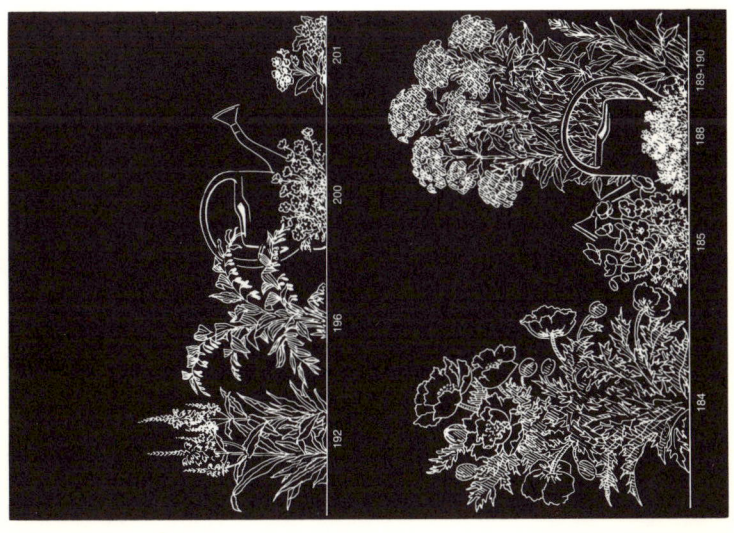

205, 206. Kugel- oder **Ballprimel** *Prímula denticuláta*. Man sieht diese, in vielen Farben kultivierte Pflanze mit ihren paukenschlegel-ähnlichen Blütenständen heutzutage so oft, daß der engagierte Gärtner sie mit Vorsicht pflanzen sollte. Sie wächst im Baum- oder Mauerschatten in frischem, lockerem Gartenboden. ☽—(Ⓞ) III–V. Sorten: 'Crimson Emperor' (**206**), 'Alba' (weiß), 'Violetta' und 'Juno' (lila); die var. *cachemiriána* mit mehligem Blütenschaft wird oft als eigene Art geführt.

207. Garten-Teppichprimel *Prímula x pruhoniciána* (*P. x hélenae*). Eine in vielen Sorten erhältliche schaftlose Primel, kaum mehr als 12 cm hoch. Zu den Eltern der Kreuzungen gehören hauptsächlich *P. júliae* (208) und die Kissenprimel *P. acáulis*. Alle Sorten sind anspruchslos und wachsen leicht in frischem, mit etwas Torf vermischtem Gartenboden, der feucht gehalten werden sollte. ☽ III–V. Sorten: 'Ostergruß' (blaupurpurn), 'Magenta' (rotviolett), 'Perle von Bottrop' (rot mit gelber Mitte), 'Purpurkissen' (karminpurpur), 'Betty Green' (karminrot), 'Schneewittchen' (weiß). Ähnlich, aber mit kurzem Schaft, ist *P. x margótae* mit zahlreichen Sorten. Die Kissenprimel *P. acáulis* (*P. vulgáris*) ist auch mit einigen Formen im Handel. Meist findet man im Angebot Farbvarianten der Sorte 'Grandiflora'. Sie sind vorzügliche Topfpflanzen im Winter. Schon Ende Februar blüht im Steingarten die ssp. *sibthórpii* (lilarosa).

208. Teppichprimel, Polsterprimel
Prímula júliae. Zierliche, teppichbildende Pflänzchen mit rundlichen Blättern, kaum mehr als 5 cm hoch. Sie stammen aus dem Kaukasus und bilden die Grundlage für schöne Hybriden. Man kultiviert sie wie die vorige. ☽ III–V.

209. Etagenprimel *P. x bullesiána*. Diese, in zahlreichen Pastelltönen gezüchtete Staude entstand im Wesentlichen aus Kreuzungen mit der orangegelben Nan-

king-Primel *P. bulleyána*. Sie stellt die gleichen Ansprüche wie 211, ist aber zierlicher im Bau des Blütenstandes; sie wird 35–50 cm hoch.

210. Siebolds Primel *Prímula sieböldii*. Eine Staude, die zu Unrecht etwas aus der Mode gekommen ist. Neben ihrem locker kopfigen Blütenstand ist sie durch langgestielte, herzförmige Blätter ausgezeichnet. Sie wird bis 20 cm hoch. Vorausgesetzt, daß man die Pflanze feucht hält und nicht der vollen Sonne aussetzt, wächst sie ohne Schwierigkeiten in frischem Gartenboden. Sie zieht nach der Blüte ein und gehört in den Steingarten oder vor Ziergehölze. ☽—(Ⓞ) V–VI.

211. Japanische Kandelaberprimel *Prímula japónica*. Wie bei *P. bullesiána* (209) sind bei dieser hochgewachsenen (bis 70 cm) Staude die Blüten in übereinanderstehenden Wirteln angeordnet. Diese noble Pflanze gehört an den Gehölzrand oder sollte schattige Teiche oder Bachläufe begrenzen; zur Not paßt sie auch in den Hausschatten; im offenen Garten wird sie zum Märtyrer. Sie braucht viel und ständige Feuchtigkeit und lehmigen, mit Torf durchmischten Humusboden. Wie fast alle Primeln sät sie sich selbst aus, so daß man sie jahrelang am gleichen Standort behält, wenn man ihn von Konkurenzstauden freihält. ☽ VI–VIII. Sorten: 'Splendens' (**211**), 'Miller's Crimson' (leuchtendrot), 'Atropurpurea' (dunkelkarminrot). Ähnlich im Bau und Ansprüchen: *P. pulverulénta* (rot mit mehligen Trieben), *P. bulleyána* (orangerot, robuster als *P. japónica*), *P. cockburniána* (elegant, 30 cm hoch, orange, armblütige Wirtel).

212. (18.) Himmelschlüssel *Prímula véris*. Sie zu beschreiben, hieße den Leser beleidigen. Man kann die Pflanze in kühlen lehmig-humosem Boden im Steingarten oder Rabattenbeet halten. Sie ist selten im Handel; man hüte sich aber, sie im Freien auszugraben. Viel begehrenswerter für den Garten und vielleicht auch schöner ist der Garten-Himmelschlüssel *P. elátior* 'Grandiflora' mit goldgelben, roten oder violetten Blüten. Die Pflanze wird 20–30 cm hoch und wächst leicht in mit Torf versetztem Gartenboden. ◑—(✹) III–V ✖. Sorten: 'Duftende Vierländer-Primel' (gelb), 'Pacific Giant' (Farbmischung, Blüten bis 6 cm breit; nicht jedermanns Geschmack), 'Ahrends Goldlackbraune'.

213. Braunelle *Prunélla x webbiána*.
Die Braunelle gehört zur Familie der Lippenblütler; ihre Gartenformen gehören zu den anspruchslosesten Bodendeckern, die man sich wünschen kann. Doch ist Vorsicht am Platze, da sie gern wuchern und das Wachstum anderer Stauden beeinträchtigen können. Diese Pflanze wird bis 25 cm hoch und gehört zwischen oder vor Ziergehölze in ordentlichen Gartenboden. ◑—(✹) VII–IX ✖. Nach meinem Geschmack wirkt die weniger üppige *P. grandiflóra* viel besser. Sorten (keine ist so schön wie die echte Art): 'Alba' (reinweiß) und 'Rosea' (karminrosa).

214. Lungenkraut *Pulmonária angustifólia*.
Diese heimische Wildpflanze gibt einen netten Frühlingsblüher für den Gehölzrand ab. Nach der Blüte wirkt sie allerdings oft unschön, sie sollte dann von sommerblühenden Stauden verdeckt werden. Ordentlicher, frischer Gartenboden oder Waldhumusboden sagen ihr zu. Wuchshöhe: Laub bis 20 cm, in Blüte bis 15 cm. ◑—● IV–V.

215. Geflecktes Lungenkraut *Pulmonária pícta* (*P. saccharáta* Hort.).
Diese Staude ist weniger üppig und eleganter als die heimische Wildart. Sie stammt aus Italien. Zunächst bleibt sie rosa bis rot und wird langsam blau bis violett. Mit ihren silberig gefleckten Blättern wirkt sie vor Ziergehölzen besonders gut im Verein mit Osterglocken und anderen Zwiebelpflanzen. Behandlung wie 214. ◑—● IV–V. Empfehlenswert ist auch die rauhbehaarte, rotblühende *P. filarskyána* (35–45 cm, III–V).

216, 219, 220. Chinesische Pfingstrose *Paeónia lactiflóra*.
Die üppige Prachtstaude gehört nicht nur zu den Leitpflanzen des Staudenbeetes, durch ihre Blütezeit vermittelt sie einen farbigen Übergang zwischen Frühlings- und Sommerblütlern. Nur am Schnitt ihrer Blätter vermag der Laie die Verwandtschaft mit den Hahnenfußgewächsen zu erkennen. Die büscheligen, oft weitausladenden Pflanzen werden 60–110 cm hoch und sollten einzeln oder in Gruppen im Hintergrund des Staudenbeetes stehen. Bei guter Pflege überdauern sie eine Gärtnergeneration. Paeonien verlangen leicht saure, nährstoffreiche Humusböden. Im Frühjahr und gegen Ende des Sommers sollte gedüngt werden, doch vermeide man Jauche oder stark stickstoffhaltige Dünger; im Herbst wird Thomasmehl und Kali empfohlen. Schnittblumen müssen in der Knospe geschnitten werden. Beim Neupflanzen achte man darauf, daß die Triebknospen nicht viel unter der Bodenoberfläche zu liegen kommen. Die echte Wildpflanze, die in Sibirien, der Mongolei und China zuhause ist, kommt im Handel selten vor. ✹ V–VI ✖. Gefüllte Sorten: **Weiß**: 'Avalanche' (**219a**), 'Baroness Schröder', 'Le Cygne', 'Mme. de Vernéville' (rosa behaucht) (**220b**), 'Festiva Maxima', 'Duchesse de Nemours' 'Marie Lemoine'. **Hellrosa**: 'Sarah Bernhardt' (**219b**), 'Eugénie Verdier', 'Mme. Jules Elie', 'Asa Gray', 'Mme. Emile Gallé' (spätblühend). **Rosa gefüllt**: 'Noémie Demay', 'Souvenir de Louis Bigot', 'Triomphe de l' Exposition de Lille', 'Madelon' (spätblühend). **Dunkelrot**: 'Souvenir de A. Millet', 'Adolphe Rousseau', 'Mons. Martin Cahuzac' (nicht immer leicht!). **Karminrot**: 'Maréchal Mac Mahon', 'Victoire de la Marne', 'Félix Crousse'. – Ungefüllte oder halbgefüllte Sorten: **Weiß**: 'Dürer', 'Angelica Kauffmann', 'Dessert', 'Clairette'. **Rosa einfach**: 'Kasagano' (**216a**), 'Holbein', 'Schwindt'. **Rot**: 'Shoshi' (**216b**), 'Mikado' (**220a**), 'Hogarth', 'Franz Hals'.

217. Netzblatt-Paeonie *Paeónia tenuifólia.* Diese Pfingstrose ist durch feingeschnittenes Laub ausgezeichnet und wird kaum höher als 60 cm. Sie kommt als einzige für den Steingarten in Betracht, wo sie am Fuße von Trockenmauern sehr eindrucksvoll sein kann. Sie verlangt sandig-humosen Boden. ☼ V–VI. Sorten: 'Plena' (rot, gefüllt), 'Rosea' (*P. x smóuthii*) (rosa, bis 80 cm, lang blühend).

218–220. (15.) Bauernpfingstrose *Paeónia officinális.* Diese Pflanze, beheimatet im Mittelmeergebiet, hat unsere Bauerngärten geziert, lange bevor ihre elegante Schwester aus dem Fernen Osten ihren triumphalen Einzug hielt; sie hat trotz dieser Rivalin ihren Platz gehalten. Sie blüht zwei Wochen früher, wird 60–80cm hoch, hat weniger üppiges Laub und blüht bescheidener, duftet aber viel angenehmer. Ansprüche wie 216. ☼—◑ IV–V ✹. Sorten: 'Alba Plena' (weiß, gefüllt), 'Rosea Plena' (rosa, gefüllt), 'Rubra Plena' (**218**), 'Crimson' (rot, einfach), 'Mollis' (rosa, einfach), 'Globe' (rot, kugelig). Eine hellgelbblühende Art, so prachtvoll wie ihr Name unaussprechlich, ist *P. mlokosewitschii* (**219**). Sie ist teuer, selten und nicht ohne Tücken, aber für den erfolgreichen Amateur lohnend (V–VI). Auch bemerkenswert und für den Garten mit besonderer Note ist *P. wittmanniána* (**220**) aus dem Kaukasus. Sie wird 65–80 cm hoch, blüht weißlich (in der Knospe gelb), hat auffällige rote Staubfäden (V).

221. Felsenteller *Ramónda mycóni* (*R. pyrenáica*). In voller Blütenpracht im Steingarten gewinnt sie jeden »concours d' élégance«. Wuchshöhe 7–11 cm. *Ramónda* gehört zu den zwei einzigen europäischen Gattungen einer tropischen Pflanzenfamilie (*Gesneriáceae*) und wächst am Olympus. Sie sollte an den absonnigen Seiten von Trockenmauern oder in Felsfugen in Gruppen gepflanzt werden. Sie braucht kalkhaltigen, sandig-humosen Boden oder Waldhumusboden. ☼—◑ VI–VII. Außerdem sind für ähnliche Verhältnisse zu empfehlen: *R. natháliae* und die verwandte *Habérlea rhodopénsis.*

222, 223. Küchenschelle *Pulsatílla vulgáris* (*Anemóne pulsatílla*). Diese liebliche Frühlingspflanze sollte in keinem Stein- oder Terrassengarten fehlen. Sie gehört zur Familie der Hahnenfußgewächse. Selbst nach der Blüte wirkt sie mit ihren federigen Nüßchen sehr ansprechend. Sie verlangt warme, durchlässige, kalkhaltige Böden und sollte frei stehen. Wuchshöhe 15–20 cm. ☼ IV–V. Sorten: 'Weißer Schwan' (weißblühend), 'Rubra' (**223**), 'Rosea' (rosa). Sehr schön ist auch die mehr zottig behaarte und durchwegs größere, frühblühende *P. slávica* (*P. hálleri*). *P. albána* hat hell-lila, nickende Blüten, und *P. montána* blüht dunkelviolett. *P. vernális*, mit weißen, goldzottig behaarten Blüten, ist kalkfeindlich und braucht torfigen Humusboden.

224. Gefüllter Wiesenhahnenfuß *Ranúnculus ácer* 'Multiplex'. Der aus der Wildpflanze gezüchtete Hahnenfuß bereichert mit seinen goldgelben, langblühenden Blüten den Boden unter und vor Ziergehölzen. Er verlangt nährstoffreiche, frische bis feuchte Böden. ◑ (IV) V–VI ✹. Dankbarer ist der Silberhahnenfuß *R. aconitifólius* 'Pleniflorus', und auch der Knollenhahnenfuß *R. bolbósus* 'Pleniflorus' (IV–VIII) ist empfehlenswert.

225. Grasblättriger Hahnenfuß *Ranúnculus gramíneus.* Nur wenige Hahnenfußarten besitzen ungeteilte Blätter. Deshalb wirkt dieser Außenseiter mit seinen gelben Blüten an trockenen Stellen des Steingartens zwischen dem blauen Alpen-Lein besonders schön (siehe 163). Die Pflanze wird 35–50 cm hoch und wächst im sandig-humosen Boden. ☼ V–VI. Als ausgesprochener Frühblüher im Steingarten (blüht nach der Schneeschmelze!) ist der marokkanische, weißblühende *R. calandrinioídes* (feucht halten im Winter und trocken im Sommer). In lehmigen

Böden des Steingartens gedeiht *R. amplexicáulis* (20 cm, V–VI).

226–228. Tafelblatt *Rodgérsia pinnáta.* Stark ins Auge fallende, bis 120 cm hohe Staude aus der Familie der Steinbrechgewächse mit großen, handförmig gefiederten Blättern und lockeren, dekorativen Blütenständen; die Einzelblüten besitzen keine Blumenblätter. Zweifellos wird diese Staude wegen ihrer blattzierenden Wirkung geschätzt. Sie gehört in den Unterwuchs von Ziergehölzen und sollte einzeln oder in Gruppen gepflanzt werden neben Astilben, Waldfarnen, Waldglockenblumen usw. Sie gedeiht am besten in saurem Waldhumusboden. ◑—(✿) VI–VII. Ähnlich und für die gleichen Standorte werden empfohlen: *R. podophýlla*, gelblich blühend, mit tiefgeteilten, gesägten Blättern, die jung auffallend bronzefarben sind (**227**); *R. tabuláris* (**228**) mit großen, schildförmigen Blättern und rein weißen Blüten; *R. aesculifólia* mit weißen Blüten und roßkastanienähnlichen Blättern; *R. sambucifólia* mit ebenfalls weißen Blüten und holunderartigen Blättern.

229. Purpur-Rudbeckie, Roter Sonnenhut *Rudbéckia purpúrea* (*Echinácea purpúrea*). Ausgezeichnete Beet- und Schnittstaude amerikanischer Herkunft aus der Familie der Korbblütler. Die Pflanze wird 80–100 cm hoch, hat 8–12 cm lange, gezähnte Blätter und auf verdicktem Schaft einzeln stehende, 7–12 cm breite Blütenköpfchen. Sie ist nicht so ausdauernd wie ihre folgenden gelbblühenden Verwandten und wächst ohne Schwierigkeiten in ordentlichen, durchlässigen Gartenböden. ✿ VII–IX ✄. Sorten: 'Abendsonne' (große Blütenköpfe), 'Leuchtstern' (dunkelrot), 'Ideal' (rosarot), 'The King' (sehr großblumig), 'Earliest of All' (gute, ausdauernde Sorte).

230. Sonnenhut *Rudbéckia nítida.* Diese Art ist, wie auch die folgenden, von der vorigen nicht nur durch ihre gelben Strahlenblüten, sondern auch durch das Fehlen von stacheligen Blütenpolsterschuppen verschieden. Eine Beetstaude, die bis 200 cm hoch wird, als Leitstaude vorzüglich ist und in guten Gartenböden sich wohl fühlt. ✿ (VI) VII–X ✄ ✿. Sorten: 'Juligold' (frühblühend), 'Herbstsonne' (spätblühend), 'Autumn Glory' (etwas niedriger).

231. *Rudbéckia speciósa* (*R. newmánnii*). Diese Art ist besonders reichblühend und wesentlich niedriger als die vorigen (bis etwa 60 cm). Besonders schön wirkt der schwarze Knopf inmitten der goldgelben Strahlenblüten. Als Beetstaude wie die vorige zu behandeln. ✿ VI–X ✿. Ähnlich sind *R. fláva* und die vielleicht noch schönere und blühfreudigere *R. fúlgida* 'Goldsturm'. Schließlich sind noch zu empfehlen: *R. laciniáta* 'Goldkugel' (gefüllt, 120 cm, VII–X); *R. laciniáta* 'Goldquelle' (gefüllt, 50–70 cm, VIII–X); *R. deámii* (einfach, 60–80 cm, VIII–X).

232. Sternmoos *Sagína subuláta.* Neben Gräsern gibt es nicht viele trittfeste Pflanzen. Diese zierliche, polsterbildende Art aus der Familie der Nelkengewächse verlangt, daß man über sie schreitet, damit sie vollendete Matten in den Stein- und Terrassengarten zwischen Trittsteinen bildet. Die sternartigen, winzigen Blütchen stehen 0,5 cm über dem dunkelgrünen Blatteppich. Im Frühling sollte man feingesiebte Komposterde über sie streuen. Zu heiße Standorte liebt die Pflanze nicht. ✿—◑ VI–VII. Die Sorte 'Aurea' (Goldsternmoos) blüht gelblich, ist schattenliebend und bildet weniger trittfeste Polster.

233. (19.) Sommersalbei *Sálvia x supérba* (*S. nemorósa*). Die mit dem ebenfalls im Garten kultivierten Heilsalbei *S. officinális* verwandte Pflanze zeichnet sich durch ihre große Blühfreudigkeit und Blühdauer aus; sie wächst büschelig, wird 60–110 cm hoch und hat reichverzweigte Blütenstände. Sie wächst in kräftigen, frischen Gartenböden. Schneidet man die Blütenstände nach dem Blühen kräftig zurück, kommt es zu einer reichen Nachblüte. ☿ V–X ❦. Sorten: 'Ostfriesland' (40–50 cm), 'Lubeca' (60–75 cm), 'Mainacht' (70 cm, tief dunkelviolett). Für den Steingarten sind außerdem zu empfehlen: *S. glutinósa* (40–60 cm, schwefelgelb), Silberblatt-Salbei *S. argéntea*; *S. bulleyána* (violett- und gelbblühend, ◑); *S. jurisícii* (behaarte, violette Blüten).

234. Wiesenknopf *Sanguisórba officinális.* Diese nette Wildpflanze aus der Rosenfamilie eignet sich nur für größere Gärten, wo sie zwischen oder vor Ziergehölzen, im Verein mit Pflanzen wie Margeriten, Knöterich und Storchschnabel gehalten werden kann. Doch ist Vorsicht geboten, da sie wuchert. ◑–☿ Sommer.

235. Becherblume *Potérium obtúsum* (*Sanguisórba obtúsa*). Diese, mit der vorigen verwandte, aus dem Fernen Osten stammende Art ist wesentlich eleganter, aber auch nur für größere Gärten geeignet. Sie wird bis 100 cm hoch und hat 5–15 cm lange überhängende, walzliche Blütenstände. Wegen ihrer Laubfülle braucht die Pflanze Platz. Sie wächst in jeder guten Gartenerde ☿—◑ VI– VIII. Die Varietät *albiflóra* ist weißblühend, wirkt aber nur im Verein mit der Art.

236. Rotes Seifenkraut *Saponária ocymoídes.* Ein kriechendes, immergrünes Nelkengewächs, das sich vorzüglich für Stein- und Terrassengärten eignet und besonders schön an Trockenmauern wirkt. Durch Selbstaussaat übernimmt es aber leicht die ganze Anlage, wenn man nicht Obacht gibt. Es wächst anspruchslos in sandigen Humusböden und liebt etwas Kalk; stauende Nässe ist zu vermeiden. ☿ V–VII. Die Sorte 'Rosa Königin' bildet herrliche Blütenschleier. Weniger wüchsig, aber reichblühend ist S. x 'Bressingham Hybrid'. Im Steingarten sollte auch nicht fehlen: *S. hausknechtii* (30 cm, lila-

rosa), *S. caespitósa* (rasig wachsend) und *S. x oliväna* (grüne Polster mit rosa Blüten).

237. Moos-Steinbrech *Saxífraga x hýbrida.* Ohne Steinbrech-Arten wären Stein- und Terrassengärten undenkbar. Die Gattung ist mit mehr als 300 Arten fast unübersehbar, und die Zahl der Gartenhybriden – es sind hunderte – bereiten selbst dem Berufsbotaniker fast unüberwindliche Schwierigkeiten. Als Elternpflanzen vieler Kreuzungen werden *S. hypnoídes*, *S. granuláta*, *S. caespitósa*, *S. trifurcáta*, *S. moscháta* und viele andere betrachtet. Alle hier zusammengefaßten Sorten sind reichblühend und bilden schöne, immergrüne Polster oder moosartige Matten. Sie gedeihen am besten in etwas sandigem Humusboden und eignen sich zur flächenhaften Bepflanzung, können aber auch in kleinen Gruppen in absonnigen Fugen der Trockenmauer gehalten werden. ◐–◑ (☿) IV–V (VI). Sorten: **Weiß**: 'Schneeteppich' (20 cm), 'Fairy' (7–8 cm, kompakt), 'James Bremmer' (20–25 cm, wüchsig, großblütig), 'Alba' (**237a**) (15 cm), 'Kingii' (fast kriechend), 'Pearly King' (8 cm), 'White Pixie' (3–5 cm), 'Whitelavei Compacta' (feine Matten bildend). **Gelb**: 'Flower of Sulphur' (10 cm, etwas wuchernd). **Rosa**: 'Schöne von Ronsdorf' (**237c**) (15 cm), 'Diana' (frühblühend, 15 cm), 'Winston S. Churchill' (**237b**) (großblütig, 10–15 cm), 'Gaiety' (frühblühend, 10 cm). **Dunkel- bis hellrot**: 'Dubarry' (7–9blütig, 20–25 cm), 'Pompadour' (sehr bewährt, 20–25 cm), 'Four Winds' (Blüten 2–3 cm breit, 20 cm), 'Carnival' (12–15 cm), 'Sanguinea superba' (sehr bewährte, alte Hybride, 12–15 cm), 'Sprite' (10 cm), 'Triumph' (blutrot, sehr fein, 15 cm, dichte Matten), 'Elf' (spätblühend, zierlich, 5–8 cm), 'Gnome' (5–8 cm), 'Peter Pan' (**237d**) (kompakt, 5–8 cm), 'Mrs. Piper' (reinrot, 5–8 cm). Sehr empfehlenswert sind ferner: *S. trifurcáta* (weiß, dichtblütig), *S. hypnoídes* var. *gemmífera* (bronzerote

Herbstlaubfärbung) und *S. muscoídes* 'Findling' (10 cm, groß- und weißblütig, dunkelgrüne Polster, V–VI).

238. Silberfahnen-Steinbrech *Saxífraga cotylédon*.

Im Gegensatz zu den vorigen bildet diese Staude große, immergrüne Rosetten, aus deren Mitte sich der bis zu 60 cm hohe, dichtblütige Stengel erhebt; die Grundblätter sind derb, glänzend und dunkelgrün. Die Pflanze liebt warme bis heiße Standorte im Steingarten und sollte einzeln oder in Gruppen zu 3–6 gepflanzt werden. Sie liebt kalkigen Humusboden, der nie zu trocken werden sollte. ☼ V–VI ✄. Besonders gut für den Schnitt ist die Sorte 'Pyramidalis'.

239. Porzellanblümchen, Schattensteinbrech *Saxífraga umbrósa*.

Diese Pflanze bildet lockere, etwas aufgerichtete Blattrosetten und hat eine reichblütige, lockerverzweigte, bis 35 cm hohe Blütenrispe. Sie eignet sich vorzüglich als Einfassungspflanze von Beeten oder an Gartenwegen, solange sie nicht direkt der Sonne ausgesetzt ist; am besten gedeiht sie in frischen Gartenböden unter lichten Gehölzen. Ihr Laub bleibt auch nach der Blüte schön. ◐–● V–VI. Sorten: 'Elliot's Variety' (dunkelrosa Blüte), 'Variegata' und 'Aureovariegata' (buntblätterig). Ähnlich ist das Jehova-Blümchen *S. géum* 'Dentatum' (weiß, 25 cm). Schattenbildende Rasenbildner sind *S. tazétta* (sehr niedlich) und *S. x primulaíze* 'Salmon' (*S. primuloídes x aizoídes*) (lachsrote Blüten). Feuchte, schattige Standorte lieben der Körner-Steinbrech *S. granuláta* und der zarte Rundblättrige Steinbrech *S. rotundifólia*.

240. Polster-Steinbrech *Saxífraga x apiculáta*.

Diese zierliche Pflanze gehört zu einer Reihe von frühblühenden Arten und Kreuzungen, die kleine, meistens dichte, halbkugelige Polster bilden. Man pflanzt sie gern in Steinfugen an lotrechten oder steilen Felspartien. ☼ III–IV. Ähnliche Arten: **Rot:** *S. grisebáchii*, *S. thessálica*,

S. x hoerhámmeri, *S. oppositifólia* (wächst nur auf Urgestein). **Rosa:** *S. x árco-valléyi* 'Cranbourne', *S. x kélleri* (sehr frühblühend). **Weiß:** *S. burserána* 'Major' und 'Crenata', *S. margináta* 'Maria Louise'. **Gelb:** *S. x boeckeléri* (kleine rötlichgelbe Blüten), *S. x lóydii*, *S. sáncta* und *S. burserána* 'Lutea'.

241. Kaukasus-Skabiose *Scabiósa caucásica*.

Die Pflanze hat das Aussehen eines Korbblütlers, gehört aber zu der völlig verschiedenen Familie der Kardengewächse. Sie wird 65–90 cm hoch, besitzt sehr wechselhafte, mal ganze, mal tief eingeschnittene Blätter und einen auf schlankem Schaft stehenden, flachen Blütenkopf. Sie gehört zu den dankbarsten Rabattenpflanzen des Gartens, wächst in ordentlicher Gartenerde und blüht bis zum ersten Frost, wenn man sie gründlich nachschneidet. ☼ VI–IX (X) ✄ ✿. Sorten: **Dunkelblau bis violett:** 'Nachtfalter', 'Blauer Atlas', 'Sauter's Violett'. **Hellblau:** 'Clive Geaves', 'Ballerina', 'Prachtkeil'. **Weiß:** 'Miss E. Willmott', 'Mrs. Ivory Queen'.

242. Rote Wildskabiose *Scabiósa rumélica* (*Knáutia macedónica*).

Diese Art ist wesentlich zierlicher als die vorige und wird etwa 40–70 cm hoch. Sie eignet sich als Rabattenstaude und liebt warme, durchlässige Gartenböden. ☼ VI–IX ✄ ✿. Etwas straffer im Aufbau und bis 110 cm hoch ist die Gelbe Wiesenskabiose *S. ochroléuca*. Für den Steingarten empfiehlt sich *S. graminifólia* mit schmal-lanzettlichen, silberbehaarten Blättern.

243. Blaues Herbsthelmkraut *Scutellária incána* (*S. canéscens*).

Der ansprechende Lippenblütler ist zu Unrecht nur selten in unseren Gärten zu finden. Die Pflanze wird 70–80 cm hoch und wächst ohne Schwierigkeiten in warmem, kalkhaltigem Gartenboden oder besser noch in sandig-humosen Böden. ☼ VIII–IX ✿. Tiefer blau blüht das verwandte Baikal-Helmkraut *S. baicalénsis*; es wird nur 60 cm hoch, ist aber weniger standfest. Wer eine ähnlich schöne, schatten- und feuchtigkeitsliebende Art sucht, wähle das lilaweiß blühende Hohe Helmkraut *S. altíssima* (Lehmboden; wuchert stark!).

244. Hohes Dolden-Sedum *Sédum spectábile.* Diese Staude gehört – wen wundert das? – zur Familie der Dickblattgewächse, die sich, wie die meisten Sukkulenten, durch äußerste Genügsamkeit auszeichnen. Die abgebildete Art wird bis 40 cm hoch und eignet sich in der Pracht ihrer Scheindolde für Einzelpflanzung; aber auch in kleinen Gruppen oder als Beeteinfassung (Grabschmuck) wirkt sie apart. Sie wächst in sandig-humosen Böden in warmen Positionen und widersteht ohne Schaden langen Trockenperioden. ☿ VIII–IX ✂ ❧. Sorten: 'Brillant' (**244a**), 'Herbstfreude' (**244b**), 'Carmineum'. Ähnlich schön ist die bläulichrot blühende Art *S. teléphium.*

245. Kaukasus Fetthenne, Teppich-Sedum *Sédum spúrium.* Ähnlich wie unser heimischer Mauerpfeffer *S. ácre* wächst diese Art, neben vielen ähnlichen (*S. álbum, S. refléxum, S. anacámpseros, S. acutilóbum*), ohne jegliche Ansprüche auf Trockenmauern, in Steinfugen oder sogar zwischen den Trittsteinen unserer Steingärten. Etwas sandiger Boden sagt allen Arten am besten zu. ☿ (VI) VII–VIII ❧. Sorten: 'Pur...teppich' (**245**), 'Album Superbum' (weißblühend).

246. Blautannen-Sedum *Sédum rupéstre.* Diese, mit ihren bräunlichen, walzenförmigen, aufsteigenden Trieben bis 20 cm hoch werdende, immergrüne Art eignet sich ausgezeichnet als Rasenersatz vor oder zwischen Ziergehölzen. Sie verlangt nährstoffhaltige Gartenböden und sollte nicht der vollen Sonne ausgesetzt werden. ◑ VI–VIII ❧.

247. *Sédum ewérsii.* Im Aufbau ist diese ebenfalls aufsteigende, aber lockerblütige Art durch den Besitz breiter, stengelumfassender Blätter von der vorigen wesentlich verschieden. Auch sie eignet sich in flächenhafter Anpflanzung als Rasenersatz. Sie wird 8–15 cm hoch. ◑ VIII–IX ❧.

248. *Sédum spathulifólium.* Eine besonders reizvolle, wenn auch nicht immer leicht zu haltende Pflanze für den Steingarten. Ihre zierlichen Blattrosetten sind silbrigweiß bestäubt. Die am Grunde bogig aufsteigenden Triebe werden 7–10 cm hoch. Die Staude ist kalkfeindlich und liebt sandig-humosen Boden. ◑—☿ V–VII ❧. Sorten: 'Purpureum' (Blätter tiefpurpurn, Blüten gelb), 'Capa Blanca' (weiß).

249–256. Hauswurz, Dachwurz *Sempervívum.* Diese prächtigen und hauptsächlich wegen ihrer Blattrosetten geschätzten Pflanzen gehören wie *Sédum* zur Familie der Dickblattgewächse. Die meisten Arten sind in Europa beheimatet, und da sie oft nicht nur schwer zu unterscheiden sind, sondern auch zahlreiche Kreuzungen eingehen, sind sie für den Botaniker ein Alptraum. Die dichtgepflanzten Blattrosetten zeigen mit den Jahreszeiten wechselnde Farbtöne; am schönsten sind sie im Frühjahr. Selten werden Blütenstände höher als 15 cm (nur bei **253** bis fast 45 cm). Die gänseblümchenähnlichen, schön gefärbten Blüten stehen in lockeren Trugdolden. Alle Arten sind sprichwörtlich anspruchslos und können auch die längsten Trockenperioden ohne Schaden überstehen. Ihr Platz ist im Stein- und Terrassengarten, wo sie in Fels- oder Mauerfugen zu halten sind. Trotz ihrer Anspruchslosigkeit sollte man sie in gute, nährstoffreiche Gartenerde setzen. Im Verlauf der Jahre bilden sie mit zahllosen Tochterrosetten dichte Polsterkissen, die sich leicht teilen lassen. ☿ VI–VII. Arten und Sorten: *S. montánum* (**249**), diese attraktive Alpenpflanze ist im Handel nur selten erhältlich. *S. borísii* (**250**) hat geschlossene, silbergraue, langbehaarte Rosetten und gelbe Blüten. *S. schlehánii* 'Rubicunda' (**251**)

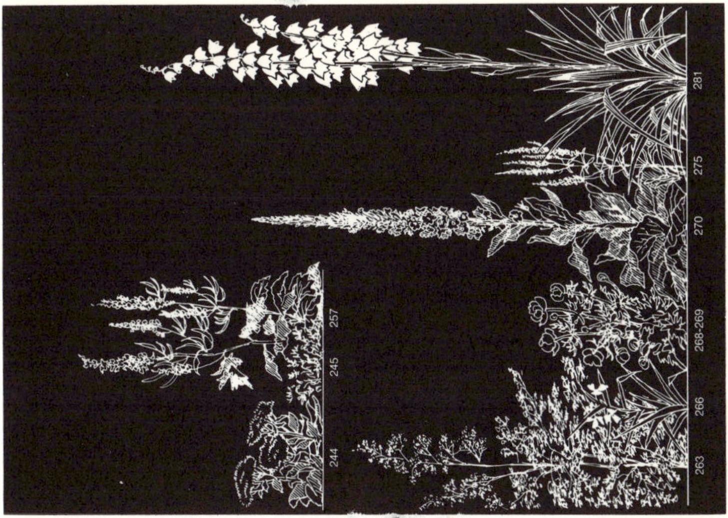
244
245
257
263
266
268-269
270
275
281

233
237
239
226-227
229
230
231

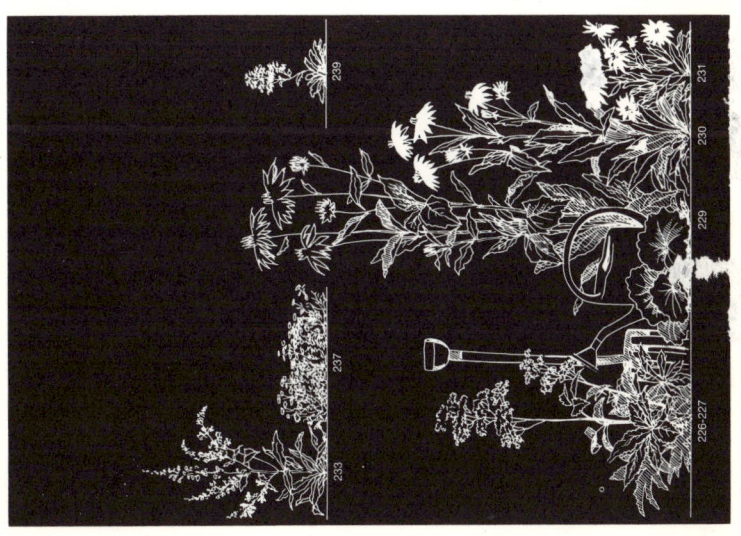

ist durch große Rosetten ausgezeichnet, die Blätter sind aus braunem Grunde grünspitzig; sie blüht purpurrosa. S. arachnoídeum (**252, 252a**), die Spinnweben-Hauswurz, ist mit ihren kleinen, silbrig-übersponnenen Rosetten wohl die schönste, sie blüht karminrot; besonders schön sind die var. tomentósum und die Sorten 'Rheinkiesel' und 'Granat'. Die Donnerwurz (**253, 254**), S. tectórum, von vielen alten Bauernhaus- und Scheunendächern bekannt, sollte trotz ihrer rustikalen Grobheit auf größeren Mauern einen Ehrenplatz finden. Besonders schöne Sorten sind 'Rubin' (**253**), 'Alpha' und 'Gamma' (braungrün), 'Triste' (groß, blaubereift), 'Violaceum' und 'Giganteum' (sehr große Rosetten). S. heuffélii 'Regínae Amáliae' (**255, 255a**) bildet keine Ausläufer; wegen ihrer großen, blaugrünen Rosetten ist sie sehr begehrt. S. x fúnckii (**256, 256a**) bildet zierliche Ausläufer und hat auffallend zugespitzte Blätter.

257. Präriemalve Sidalcéa x hýbrida. Von unseren einheimischen Malven unterscheidet sich diese Pflanze durch den fehlenden Außenkelch. Interessant ist der Kontrast zwischen den kreisförmigen, langgestielten, etwas gelappten Grundblättern und den tief handförmig gefiederten Stengelblättern. Wuchshöhe 65–90 cm. Diese Staude wächst am besten in gutem, etwas sandigem, durchlässigem Gartenboden und eignet sich zur Massenbepflanzung. ☼ VII–IX ✄. Sorten: 'Brillant' (karminrot), 'Interlaken' (**257**), 'Rose Beauty' (dunkelrosa), 'Elsie Heugh' (hellrosa), 'Rosy Gem' (lila). Die Elternarten S. malvaeflóra und S. cándida sind selten im Handel.

258. Leimkraut Siléne marítima. Eine graublättrige, mattenbildende Steingartenstaude aus der Familie der Nelkengewächse. Sie wird bis 15 cm hoch, wächst sehr üppig und ist langblühend. In ordentlicher, lockerer Gartenerde gedeiht sie ohne Mühe. ☼—◑ VI–VIII. Sorten:

'Plena' (weiß, gefüllt), 'Weißkehlchen' (bis 20 cm hoch, weiß), 'Rosea' (zierlich, rosa, 10 cm hoch). Für Mauerfugen empfehlen sich S. schäfta 'Splendens' (leuchtend rosa, 10 cm, VIII–IX), S. kéiskii 'Minor' (sehr zierlich) und S. saxífraga (weiß, blüht nur nachts).

259. Goldrute Solidágo x hýbrida. Wegen ihrer Größe und ihres büscheligen Wuchses gehört diese wohlbekannte Art zu den Leitpflanzen des Staudenbeetes und sollte einzeln oder höchstens in Dreiergruppen gepflanzt werden. Je nach Sorte wechselt die Wuchshöhe von 40 bis 150 cm; die meisten sind standfest. Alle sind anspruchslos und wachsen in jedem Gartenboden. Leider säen sich alle Goldruten selbst aus; man sollte sie deshalb sofort nach der Blüte zurückschneiden. Nie sollte man Pflanzen von Abfallplätzen oder Kiesgruben in den Garten übertragen, weil sie stark wuchern und fast nicht mehr auszurotten sind. Alle Sorten des Fachhandels wuchern nicht. ☼ VII–IX ✄ ❦. Sorten (in Katalogen werden einige unter den Namen S. canadénsis oder S. virgáurea geführt): 'Golden Wings' (**259a**) (130–150 cm), 'Goldschleier' (**259b**) (120–150 cm), 'Golden Shower' (VII, 70–85 cm), 'Goldenmosa' (frühblühend, 70 cm), 'Golden Gate' (80 cm), 'Strahlenkrone' (VII, 50–65 cm, gedrängt), 'Spätgold' (60–75 cm, IX–X), 'Federbusch' (locker, 90 cm, VIII), 'Leraft' (**295c**) (60 cm), 'Lemore' (75–90 cm, VIII, locker), 'Goldstrahl' (90 cm, IX, locker, schönes Laub). Für den Steingarten: S. cáesia (60 cm, IX–X) und S. virgáurea 'Nana' (30–40 cm).

260. Wollziest Stáchys olýmpica (S. lanáta). Sehr anspruchslose Staude aus der Lippenblütlerfamilie mit grauweißfilzigen Stengeln und Blättern. Wuchshöhe: Laub 10–17 cm, Blütenstand bis 35 cm. Die hauptsächlich laubzierende Pflanze blüht purpurrot. Man pflanze sie in kalkhaltigen, durchlässigen Gartenboden. Sehr gut für Einfassungen und

Flächenbepflanzung. ☿ VI–VII. Etwas zierlicher ist die graubelaubte, allerdings stärker wuchernde *S. lavandulifólia*, die sehr schöne Blütenstände bildet.

261. Großblütiger Ziest *Stáchys macrántha (Betónica grandiflóra)*. Im Gegensatz zur vorigen Art wird diese bis 60 cm hohe, standfeste Pflanze wegen ihres auffallenden Blütenstandes kultiviert; sie wirkt auch nach der Blüte noch schön. In kalkhaltiger Gartenerde wächst sie am üppigsten; sie sieht besonders gut aus in Gruppen von 6–12. ☿–◑ VII–VIII ✄ ✿. An den Buschrand im Steingarten paßt der Schneeziest *S. nívea (Betónica nívea)* oder die selten erhältliche, kleinblättrige *S. récta*; beide sind 20–30 cm hoch.

262. Gelbe Wiesenraute *Thalíctrum speciosíssimum (T. flávum var. speciósum, T. rugósum, T. gláucum)*. Für den Nichtfachmann scheint es unglaublich, daß diese Staude zu den Hahnenfußgewächsen gehört. Zur Eigenart der Gattung zählt das völlige Fehlen von Blumenblättern: auffallend sind ihre gefärbten Kelch- und Staubblätter. Die hier abgebildete Art ist in Spanien, Portugal und Nordwestafrika beheimatet und bei uns nicht winterhart. Auch ist sie selten im Handel. Die Pflanze wird bis 150 cm hoch und hat neben ihrem schönen gelben Blütenflor elegantes, blaugrünes Laub. Sie gehört an geschützte Stellen des Staudenbeetes in frischen, nährstoffhaltigen Humusboden. ●–◑ VI–VII ✄ ✿. Wer sicher gehen will, sollte die winterharte Amstelraute *T. aquilegifólium* pflanzen. Sie wird bis 100 cm hoch und blüht lilapurpurn. ◑ VI–VII ✄ ✿. Sehr ansprechend ist die weißblühende Sorte 'Album'.

263. Hohe Amstelraute *Thalíctrum dipterocárpum*. Diese Staude ist schlanker im Aufbau als die vorige und wird bis 130 cm hoch. Sie ist nicht so leicht zu halten und braucht kalkarmen oder – besser noch - kalkfreien, schweren, nährstoffhaltigen, kühlen Boden. Die Pflanze wirkt beson-

ders schön zwischen Ziergehölzen. ◑ VII–IX ✄ ✿. 'Hewitt's Double' ist eine gefüllte Sorte. An warmen, sonnigen Plätzen wächst die 25–40 cm hohe Kleine Amstelraute *T. mínus* (VI–VIII). Ihre filigranartig zerteilten Blätter liefern hervorragendes Schnittgrün; sie zieht im Sommer ein. In den Steingarten (Moorbeet) gehören die Alpen-Wiesenraute *T. alpínum* (10 cm) und die kleine japanische *T. kiusiánum* (10 cm, feuchte, lehmig-humosen Boden).

264. Fuchsbohne *Thermópsis fabácea (T. montána)*. Die lupinenähnliche Staude (Schmetterlingsblütler) stammt aus Nordamerika und wird etwa 50 cm hoch. Sie ist genügsam, übersteht Trockenperioden und wächst auch noch in kargen Böden, besser jedoch in ordentlicher Gartenerde. Sie paßt in den größeren Steingarten oder – geschickt eingestreut – ins Staudenbeet, solange der Standort warm genug ist. ☿ V–VI ✄. Bis zu 120 cm hoch ist die selten erhältliche Art *T. caroliniána* Ähnlich im Aussehen und leider viel zu wenig kultiviert ist die lilablau blühende Färberhülse (Indigo-Lupine) *Baptísia austrális* (VII–VIII, 60–90 cm).

265. Quendel, Kriechender Thymian *Thýmus serpýllum*. Dieser aromatisch duftende Lippenblütler sollte in keinem Stein- oder Terrassengarten fehlen. Die Pflanze bildet mit ihren kriechenden Stengeln tiefe Polsterrasen und ist sehr genügsam (auch für karge, sandige oder steinige, trockene Böden geeignet). Da sie üppig wächst, darf man sie nicht neben kleinere Polsterpflanzen setzen. Sie wird etwa 5 cm hoch. ☿ VII–IX ✄ ✿. Sorten: 'Coccineus' (karminrot), 'Carneus' (rosa), 'Albus' (weiß). Ähnlich ist *T. rotundifólius* 'Purpurteppich'. In Felsgruppen wirkt besonders schön der hängende, schleppenbildende *T. hirsútus* var. *dóerfleri* 'Bressingham Seedling' (rosa, 5–8 cm, V–VI). Halbstrauchig im Wuchs (nicht überall winterhart!) ist *T. x citriodórus* mit den Sorten 'Golden Dwarf' und 'Aureus'

(Blätter goldbunt, Blüten hell-lila). In den Küchengarten gehört *T. vulgáris* (siehe auch S. 30).

266. Dreimasterblume *Tradescántia x andersoniána* (*T. virginiána* hortorum). Diese außerordentliche Staude aus der Familie der *Commelináceae* stammt aus dem östlichen Nordamerika. Sie hat grasartige, gefaltete Blätter. Die Kurzlebigkeit ihrer Blüten wird dadurch wettgemacht, daß mehrere im gleichen Blütenstand hintereinander über Wochen hin blühen. Die Pflanze ist so genügsam, daß man sich kaum um sie zu kümmern braucht, sie wächst selbst auf den kärgsten Böden und wird etwa 45 cm hoch. Doch ist Vorsicht geboten: durch Selbstaussaat wird sie leicht zur Last; außerdem sehen ältere Pflanzen oft unschön aus. Ich selbst halte sie für ein besseres Unkraut. Nach der Blüte sollte man die Stengel unbedingt zurückschneiden! Die Pflanze ist kalkfeindlich. ☼—◐ VI–VIII. Sorten: 'Alba' (weiß), 'Innocence' (weiß), 'Rubra' (rot), 'Hutchinsonii' (rosa), 'J. C. Wegelin' (hellblau), 'Leonora' (**266**) (dunkelviolett), 'Zwanenburg Blue' (tiefblau).

267. Dreiblatt, Dreizipfellilie *Tríllium grandiflórum*. Die nächste Verwandte dieser interessanten nordamerikanischen Wildstaude ist unsere heimische *Páris quadrifólia*, von der sie sich durch die Dreizahl (Blätter und Blütenblätter) unterscheidet. Ihre Blüten sind end- und einzelständig und sitzen auf kräftigen Stielen. Die Pflanze wird bis 30 cm hoch und sollte unter Ziergehölzen oder hohen Sträuchern in Waldhumusboden gehalten werden. ◐—● IV–V. *T. eréctum* hat gefaltete Blätter und etwas nickende, rötliche Blüten. *Páris* wächst unter den gleichen Bedingungen.

268. Garten-Trollblume *Tróllius x hýbridus*. Die Trollblume unterscheidet sich vom Hahnenfuß unserer Wiesen durch ihre blumenblattähnlichen Kelchblätter. Die abgebildete Hybride ist das Kreuzungsprodukt zwischen der folgen-

den Art und *T. asiáticus* oder *T. sinénsis*. Die Staude ist 45–90 cm hoch und liebt lockeren, feuchten, torfreichen Boden. Am besten wächst sie in absonnigen Standorten. ☼—◐—◉ V–VI ✕ ✎. Sorten: **Kanariengelb**: 'Lemon Queen', 'Hohes Licht' (90–100 cm), 'Goldquelle'. **Orange**: 'Orange Globe' (**268**), 'Newry Giant', 'Prichards Giant' (85 cm). **Orangerot**: 'Baudirektor Linne', 'Excelsior'. **Orangegelb**: 'Earliest of All' (frühblühend), 'Frühlingsbote', 'Lichtball'.

269. Europäische Trollblume *Tróllius európaeus*. Diese Staude ist weniger üppig als die vorausgehende Hybride und wirkt wesentlich bescheidener. Sie liebt feuchte, nährstoffreiche Böden zwischen oder vor Ziergehölzen. ◐—☼—◉ V–VI ✕ ✎. Bis in den Sommer hinein blüht die Chinesische Trollblume *T. chinénsis* an ähnlichen Standorten oder am Rande von Gewässern. Für den Steingarten wird die zwergige (15–20 cm hohe) *T. púmilus* empfohlen.

270. Kandelaber-Königskerze *Verbáscum olýmpicum*. Den fast regelmäßigen Blüten dieser Riesenpflanze mit ihrem stark verzweigten Blütenstand sieht man kaum an, daß sie zu den Rachenblütlern gehört. Sie wird 130–200 cm hoch und wirkt deshalb als Einzelstaude außerhalb des Staudenbeetes am vorteilhaftesten. Wie alle Königskerzen existiert sie auch auf den kärgsten Böden, solange sie warm steht. Nässe ist ihr abhold. Als zweijährige Pflanze gehört sie genau genommen nicht zu den Stauden. ☼ VI–VIII ✎.

271, 272. Königskerzen. *Verbáscum x hýbridum*. Obgleich unsere Wildart *V. thápsus* seit Jahrhunderten zum eisernen Bestand der Bauerngärten zählt, gehören Königskerzen zu den Stiefkindern des modernen Gartens. Dennoch sind im Handel eine Anzahl sehr schöner Sorten erhältlich. Keine freilich eignet sich zur Massenbepflanzung: in ihrer schlichten Würde wollen sie allein stehen. Kataloge führen oft Art- und Sortennamen dieser, auch für den Fachbotaniker etwas verwirrenden Gattung auf. Alle wachsen unter den gleichen Bedingungen wie 270; die folgenden bilden nur eine Auswahl: 'Densiflorum' (**271**) (bis 140 cm), 'Cotswold Queen' (gelbbronze, bis 130 cm), 'Gainsborough' (sehr filzig, hellgelb), 'Pink Domino' (**272**). Ähnlich 272 ist die schöne Wildpflanze *V. phoeníceum* (50–60 cm, V–VI). Unverzweigte Blütenkerzen hat *V. longifólium* (*V. pannósum*), sie wird bis 150 cm hoch. Für den Steingarten eignet sich besonders *V. dumulósum* (gelb, büschelig, bis 20 cm, VI).

273. Graue Kerzenveronika *Verónica incána*.
Ehrenpreis-Arten gehören zu den Rachenblütlern; mit nur zwei Staubblättern nehmen sie in der Familie eine Sonderstellung ein. Die abgebildete Art ist mit ihren silbergrauen Blättern und tief violettblauen Ähren besonders schön. Ihr Platz ist im Stein- oder Terrassengarten, wo sie an warmen Standorten sehr zur Geltung kommt. Nässe verträgt sie nicht. Wuchshöhe etwa 30 cm. ☿ VI–VII ✹.

274. Enzianblättriger Ehrenpreis *Verónica gentianoídes*.
Diese Art hat wesentlich lockerere Blütenstände als die vorige und himmelblaue Blüten. Ihre Blätter sind glänzend grün. Sie wird bis 30 cm hoch und wächst gern in frischen Böden und bereitet kaum Schwierigkeiten. Nach der Blüte soll man sie zurückschneiden. ☿—☿ V–VI ✄ ✹. Sorten: 'Pallida' (weiß), 'Variegata' (mit weißgescheckten Blättern).

275. Tiefblauer Ehrenpreis *Verónica longifólia* 'Blauriesin'.
Im Schatten von Ziergehölzen oder Mauern sollte man diese wüchsige, bis 80 cm hohe Staude pflanzen. Sie braucht humose, frische bis feuchte Böden. ☽ VII–VIII ✄.

276. Gamanderblättriger Ehrenpreis, Büschel-Veronica *Verónica téucrium*.
Im Gegensatz zu den vorigen Arten wächst diese büschelig mit aufsteigenden Zweiglein; sie wird nur 20 cm hoch. Ihr Platz ist an warmen Stellen des Steingartens, wo sie in guter, kalkhaltiger Gartenerde in kleinen Gruppen zu pflanzen ist. ☿—☽ V–VI ✹. Sorten: 'Shirley Blue' (**276**), 'Knallblau', 'Royal Blue'. Aus der großen Anzahl gärtnerisch bewährter Arten seien noch erwähnt: *V. prostráta* (niederliegend, 10 cm, V–VI) mit der weißen Form 'Alba', wie auch der aufrechte Ährige Ehrenpreis *V. spicáta* (25–35 cm) mit den Sorten: 'Nana' (nur 15 cm dunkelblau), 'Romely Purple' (tiefblau), 'Alba' (weiß), 'Minuet' (rosa), 'Rosea Erika' (dunkelrosa), 'Heideröschen' (tiefrosa, langblühend, 15 cm).

277. Immergrün. *Vínca mínor*.
Diese bodenbedeckende, wintergrüne Pflanze gehört zur vorwiegend tropischen Familie der Hundsgiftgewächse. Unter Ziergehölzen oder größeren Büschen, wo man eine ständige Pflanzendecke wünscht, ist diese Staude neben Efeu, Leberblümchen und Christrose geradezu ideal. Sie wird nur 10 cm hoch und vermehrt sich durch Ausläufer selbst. Man pflanze sie in gute, frische Gartenerde oder besser noch in Waldhumusboden. ●—☽ IV–V. Sorten: 'Alba' (weiß), 'Rubra' (rotviolett), 'Bowles Variety' (leuchtendblau). Auch gefüllte Formen sind erhältlich, sind aber weniger schön. Das Große Wintergrün *V. májor* ist weniger zierlich und zieht im Winter ein.

278. Hornveilchen. *Víola cornúta*.
Dieses großblütige Veilchen hat fast das Aussehen eines Stiefmütterchens. Es wächst mit einem kräftigen, kurzen Wurzelstock. Die Stammart, aus der gärtnerisches Geschick zahlreiche Sorten entwickelt hat, ist in den Pyrenäen beheimatet. Man sollte es nicht mit anderen Stauden mischen, sondern allein in Massen pflanzen. In frischer, durchlässiger Gartenerde bildet es schöne, zusammenhängende, lange blühende Matten. ☽—☿ V–IX ✄. Sortenauswahl: 'Hansa' (**278 b**) (besonders schön),

'Lord Nelson' (**278c**), 'Velvet Beauty' (leuchtendblau), 'Famös' (weinrot), 'Germania' (dunkelpurpur-violett), 'Boullion' (**278a**), 'Altona' (cremegelb). In den Steingarten gehören *V. bertolónii* (blaulila) und *V. elegántula* (*V. bosniaca*) (magentarot).

279. Duft-Veilchen *Vióla odoráta*. Diese beliebte Art unterscheidet sich wesentlich von der vorigen. Durch den Besitz von Ausläufern läßt sie sich vom gewöhnlichen Hundsveilchen *V. canína* leicht unterscheiden. Sie wird 10–15 cm hoch und verlangt frische bis feuchte, humose Böden. Die Art ist im allgemeinen leichter zu halten als die manchmal für Ungeziefer anfälligen Spielarten. ◑—● III–IV und VIII–IX ✄. Sorten: 'Königin Charlotte' (blauviolett), 'Triumpf' (blau), 'Red Charme' (purpurrot), 'Irish Elegance' (cremegelb), 'Governor Herrick' (robust, aber duftlos). Ein sehr dankbarer Blüher ist das Pfingstveilchen *V. papilionácea* 'Immaculata' (reinweiß, 20 cm, V–VI). Der geschickte Steingartenbesitzer kann das gelbe *V. biflóra* unserer Gebirgsschluchten mit Erfolg in feuchten bis nassen Felsspalten kultivieren.

280. Gefüllte Pechnelke *Viscária vulgáris* (*Lýchnis viscária*) 'Plena'. Die grasähnlichen Blätter dieses Nelkengewächses bilden einen angenehmen Kontrast zur prächtigen Blütenfarbe der 25–40 cm hohen Staude. Als Rabattenpflanze bildet sie einen ausgezeichneten Blickfang, ehe andere Stauden zur vollen Blüte gelangen. Sie wächst in jeder guten Gartenerde. ◒— ◌ V–VII ✄. In den Steingarten gehört die Alpen-Pechnelke *Lýchnis alpína* mit feinen, grasartigen Blättern und hellpurpurnen Blüten; sie wird bis 10 cm hoch und blüht im Mai.

281. Palmlilie *Yúcca filamentósa*. Wäre es nicht wegen des Alphabets, stünde diese Prachtstaude am Anfang des Buches. Ihr Blütenschaft wird bis 150 cm hoch und ist von einer dichten Rosette lanzenartiger, wintergrüner Blätter umgeben. Die Palmlilie ist eine typische Solitärstaude und verlangt einen prominenten Platz im Garten, wenn sie voll zur Geltung kommen soll. Am besten wächst die Pflanze in sandig-humosem Boden. Im Sommer braucht sie regelmäßig Dunggaben, und da sie nicht immer winterhart ist, muß man sie an weniger geschützten Stellen im Spätherbst mit Reisig abdecken. Viele Gartenfreunde mögen die Yucca nicht leiden; der Grund liegt zweifellos darin, daß man sie zu oft am falschen Orte sieht. ◌ VIII–IX. Besonders prächtig ist die Sorte 'Elegantissima'. Noch größer (bis 200 cm) und frostbeständiger ist *Yúcca gláuca*, deren graugrüne Blätter weiß berandet sind.

Sumpf- und Wasserpflanzen

282. Froschlöffel *Alísma plantágo-aquática*. Ansprechende, heimische Wildpflanze mit zierlichen Rispendolden, aber auch wegen der löffelförmigen Blätter beliebt. Blüten weiß bis rosa. Blätter bis 45 cm, Blütenstand 75–150 cm hoch. In Sumpfböden oder Teichen zu pflanzen. Wassertiefe 0–50 cm. Fruchtkapseln vor der Reife entfernen, sonst unerwünschte Selbstaussaat. ◌—◖ VII–IX. Ähnlich, aber kleiner ist der Spitze Froschlöffel *A. lanceolátum*.

283. Kalmus *Ácorus cálamus*. Durch schwertförmige Blätter ausgezeichnete Pflanze; die unscheinbaren Blüten sind in gelblichgrünen bis braunen Kolben angeordnet. Höhe der Pflanze 10–100 (-120)cm. Sumpfiger Teichboden; Wassertiefe 10–45 cm. Vorsicht! Die Pflanze wuchert, daher am besten in Pflanzenkorb oder in senkrechte Tonröhre einsetzen. ◌—◖ V–VI. 'Variegata' ist weißbunt und nur 60–90 cm hoch. Zierlicher und nur bis 30 cm hoch ist der Japankalmus

A. gramíneus; Wassertiefe 0–10 cm. ☿—◐ VI–VII.

284. Blumen (Schwanen-)binse *Bútomus umbellátus*. Ausgezeichnet durch langgestielte rosa Blütendolden. Blätter 3kantig, binsenartig. Höhe der Dolde 65–125 cm. Sumpfiger Teichboden; Wassertiefe 5–50 cm. ☿ VI–VIII.

285. Sumpfkalla, Schlangenkraut *Cálla palústris*. Interessante heimische Sumpfpflanze. Blätter herzeiförmig, glänzend, mit scheidigem Blattstiel. Blütenscheide innen weiß, außen grün. Beeren prächtig rot (**285a**). Höhe der Blätter bis 15 cm, des Blütenstandes bis 30 cm. Sehr geeignet für Teichränder und flache Teiche; Wassertiefe 0–20 cm. ☿—◐ V–VI (Frucht VIII).

286, 287. Sumpfdotterblume *Cáltha palústris*. Eine unserer schönsten heimischen Sumpfpflanzen, ausgezeichnet durch ihre dottergelben Blüten und glänzenden herznierenförmigen Blätter. Wuchshöhe bis 30 cm. Sehr vielseitig zu verwenden: im Teich (Wassertiefe 0–15 cm), am Teichoder Bachrand und in feuchten Wiesen. ☿—◐ IV–V. Sorten: 'Multiplex' (**287**) ist eine etwas größere Pflanze mit gefüllten Blüten; var. *alba* ist eine weißblütige Variante.

288. Bitteres Schaumkraut *Cardámine amára*. Weitverbreitete, einheimische Wildpflanze mit weißen Blütenblättern und violetten Staubgefäßen. Wo genügend Platz zur Verfügung steht, sollte diese bescheidene Pflanze am Bachlauf oder Teichrand nicht fehlen. ☿—◐ V–VI.

289. Wasserfeder *Hottónia palústris*. Schwimmende Pflanze mit kammartigfiederigen Blättern. Blüten weiß, violett oder rosa, in Wirteln an langem Schaft. Diese delikate Pflanze kann nicht in Teich oder Becken ausgepflanzt werden; sie bildet Horste in fließenden Gewässern; Wassertiefe 15–75 cm. ◐—●.

290. Froschbiß *Hydrócharis mórsus-ránae*. Schwimmpflanze, auffällig durch reinweiße Blüten und tiefeingeschnittene, kreisrunde Blätter, meistens mit meterlangen, fädigen Wurzeln; ragt bis 5 cm aus dem Wasser. An keine Wassertiefe gebunden, bevorzugt aber den Beckenrand. ☿—◐ VII–VIII.

291. Gelbe Sumpfschwertlilie *Íris pseudácorus*. Stattliche Pflanze mit kräftigen, schilfartigen Blättern und schwärzlich geaderten Blütenblättern. Am besten geeignet zur Uferbepflanzung; Wassertiefe 0–40 cm; gedeiht aber auch auf gutem Gartenboden bei geringerer Feuchtigkeit (blüht dann sogar besser!). Wuchshöhe 75–125 cm (Blätter oft die Blüte überragend). ☿—◐ VI–VII. Sorten: 'Variegatus' mit weiß-gelb-bunten Blüten; 'Bastardii' mit hellgelben Blüten; 'Golden Queen' mit leuchtend goldgelben Blüten und von höherem Wuchs. Empfehlenswert sind außerdem die bläuliche Japanische Prachtiris *I. káempferi* und die herrliche *I. láevigata*; beide sollten im Winter nicht feucht stehen, die zweite braucht im Sommer einen nassen Standort (Wassertiefe 0–20 cm).

292. Fieberklee *Menyánthes trifoliáta*. Auffallend durch weißrötliche Blütentrauben und typisch dreigeteiltes, lederiges Blatt. Gedeiht am besten in seichtem Wasser (0–10 cm). Wuchshöhe bis etwa 30 cm. ☿—◐ V–VI.

293. Sumpfvergißmeinnicht *Myosótis palústris*. Dieses ausdauernde Vergißmeinnicht ist ausgezeichnet durch frischgrünes Laub und dunkelblaue, große Blüten (Sorte 'Thüringen'). Die Pflanze wird bis zu 40 cm hoch und bildet lockere Teppiche an Teich- und Bachrändern (Wassertiefe 0–15 cm), wächst aber auch in feuchten Parkwiesen. Nur schön, wenn in Blüte! ☿—◐ VI–IX ✗.

294. Gelbe Teichblume *Núphar lúteum*. Die mit den folgenden Teichrosen verwandte Pflanze ist durch auffällige, gelbe Kelchblätter charakterisiert; die Blumenblätter sind stark rückgebildet. Besonders schön wirken ihre zarten Unterwasserblätter im Herbst und Winter. Blüte ca. 6 cm breit und 5 cm hoch; Blattgröße 18–26 cm. Nur geeignet für größere Teiche mit Schlammboden; Wassertiefe 25—200 cm. Pflege siehe S. 10. ◐—☼ VI-VIII. Andere Arten: Japanische Teichblume *N. japónicum* (besonders empfehlenswert ist die Sorte 'Rubrotinctum') mit glänzend rotbraunen Blättern und rötlich verblühender, gelber Blüte. Zwergteichblume *N. púmilum* für kleinere Teiche geeignet, verträgt Schatten. Amerikanische Teichblume *N. advénum* großblütig, mit prächtigem Sommerlaub und schmückender, flaschenförmiger Samenkapsel; verträgt Halbschatten. Ähnlich, aber noch wuchskräftiger ist *N. polysépalum*.

295 a. Weiße Seerose *Nympháea marliácea* 'Albida'. Diese, im Jahre 1880 gezüchtete Pflanze ist die bekannteste weiße Seerose. Pflege siehe S. 10.

295 b. Gelbblühende Seerose *Nympháea marliácea* 'Chromatella'. Die älteste (1877) und am weitesten verbreitete gelbe Hybride.

296 a. Rosenrote Seerose *Nympháea x hýbrida* 'James Brydon'. Zweifellos eine unserer schönsten und anpassungsfähigsten Seerosen. Sie gedeiht schon in Wassertiefen ab 14 cm. Die verhältnismäßig kleinen Blätter sind bei jungen Pflanzen rötlich, grün und schwarz getüpfelt.

296 b. Rotblühende Seerose *Nympháea x hýbrida* 'Escarboucle'. Ausgezeichnet durch ihre Farbenpracht, und wegen der Länge der täglichen Blühdauer (bis zum späten Abend) ist sie eine der am meisten geschätzten Seerosen. Nur in Tiefen über 50 cm zu pflanzen.

297. Brunnenkresse *Rorípa nastúrtium-aquáticum* (*Nastúrtium officinále*). Die mit kriechenden Ausläufern versehene Wasser- und Sumpfpflanze ist als Salatpflanze begehrt und wird daher im großen kultiviert. Wegen ihrer tiefgrünen, gefiederten Blätter kann sie im Garten sehr gut wirken. Voraussetzung ist fließendes, kühles, sauerstoffreiches Wasser und schlammiger Boden. ☼—◐.

298. Zungenblatt-Hahnenfuß *Ranúnculus língua*. Dieser kräftige Hahnenfuß mit aufrechten, zungenförmigen Blättern wird bis 70 cm (Sorte 'Grandiflora' bis 120 cm) hoch. Da die Pflanze stark wuchert, sollte man sie im Korb oder in senkrechten Zementröhren (50 cm Durchmesser) anpflanzen. Wassertiefe 15–40 cm. Anspruchslos. ☼ VI-VIII.

299. Pfeilkraut *Sagittária sagittifólia*. Die, durch ihr merkwürdiges Blatt auffallende, heimische Wildpflanze ist für Teichrandbepflanzungen (Wassertiefe 10–70 cm) vorzüglich geeignet. Sie ist auch im blütenlosen Zustand sehr dekorativ. Wuchshöhe: Blätter bis 40 cm, Blütenstand bis 75 cm. Sumpfboden! ☼—◐ VI-VII. Empfehlenswert sind auch das kleinere (25–40 cm) Zwergpfeilkraut *S. gramínea* und das gefüllte Japanpfeilkraut *S. japónica* 'Plena'. Als Benachbarung ist der mit seinen morgensternartigen Früchten zierende Igelkolben *Spargánium ramósum* geeignet.

300. Teichbinse *Scírpus lacústris*. Grasähnliche Pflanze mit bis 250 cm hohen, steifen Trieben und gebüschelten, bräunlichen Blütenständen. Da sie stark wuchert ist Vorsicht geboten, sonst füllt sie bald den ganzen Teich aus; am besten in lotrechten Zementröhren (50–75 cm Breite) auspflanzen. Wassertiefe 20–100 cm, Schlammboden. ☼—◐—● VII. Für den Besitzer größerer Teiche ist auch das Schilfgras *Phragmítes austrális* (*Ph. commúnis*), besonders die bis 300 cm hohe

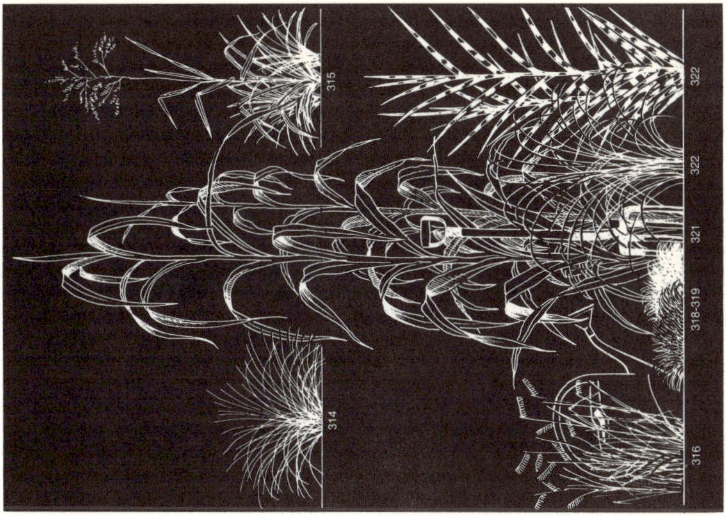

209

Sorte 'Giganteus', zu empfehlen. Vorsicht, wuchert ebenso. ☼—◑ ✂.

301. Krebsschere *Stratiótes aloídes*. Ein Sonderling unter den Wasserpflanzen, und nur für den Liebhaber mit größerem Teich oder Becken zu empfehlen. Die bis zu 45 cm hohe Pflanze mit Aloe-artigen Blättern schwimmt im Sommer an der Oberfläche und sinkt im Winter auf den Boden. Ihre Vermehrung findet fast ausschließlich durch Sprossung statt (zweihäusige Blüten). Sie bevorzugt ruhiges Wasser (kein Springbrunnen) und ist kalkfeindlich. ☼ VII.

302. Rohrkolben *Týpha angustifólia*. Wegen seiner schwarzbraunen, auf hohem Schaft stehenden Blütenkolben sollte diese stattliche Pflanze an keinem Teich- oder Beckenrand fehlen. Doch ist Vorsicht geboten: die Pflanze wuchert. Wuchshöhe bis 250 cm. Wassertiefe 20–50 cm. Sumpfboden. ☼—◑ VII–VIII ✂. Ähnlich, aber robuster ist *T. latifólia*. Der Zwergrohrkolben *T. mínima* wird nur 30–50 cm hoch und wächst in Wassertiefen von 5–20 cm. VI–VIII.

303. Sumpfbaldrian *Valeriána díoica*. Eine bis 35 cm hohe, nach oben zu verzweigte Pflanze mit zweihäusigen Blüten. Verbreitet als heimische Wildpflanze in nassen Wiesen, an Gräben und Bächen. Für größere Gärten mit entsprechenden Bedingungen geeignet; doch ist Vorsicht geboten, da die Pflanze nicht leicht kontrollierbar ist. ◑ V–VI.

Farnkräuter

Farne sind Sporenpflanzen (Kryptogamen), besitzen also keine Blüten. Zu Unrecht sind sie gärtnerisch vernachlässigt und in den Katalogen mancher Firmen wegen mangelnder Nachfrage nicht aufgeführt. Wegen der Schönheit ihrer oft filigranartig gespaltenen Wedel sollten sie aber in keinem Garten fehlen. Fast ausnahmslos bevorzugen Farne kühle Standorte, Schatten oder Halbschatten und verhältnismäßig hohe Luftfeuchtigkeit. Sie gedeihen am besten unter Bäumen in mit Sand vermischtem Lehmboden, dem grober Torf, zerhackte Zweige und halbverrottetes Laub beigegeben ist.

304. Venushaar *Adiántum venústum*. Zierliche Pflanze. Wedel lichtgrün, 3–4fach gefiedert, breitdreieckig im Umriß, 15–30 cm lang. Nur an sehr geschützten Stellen winterhart, sollte unter Glas gehalten werden.

305. Pfauenradfarn *Adiántum pedátum*. Sehr zierlicher Farn; Wedel handförmig, 7–8fach gefiedert, 40–65 cm lang (in der abgebildeten Sorte 'Minor' bis 20 cm lang). Bevorzugt sauren Boden.

306. Sumpffarn *Thelýpteris palústris* (*Dryópteris thelýpteris*). Ansehnlicher Wildfarn mit 20–100 cm hohen, 2–3fach gefiederten Wedeln. Sehr feucht zu halten; wenn Boden trocken ist, für viel Schatten sorgen. Breitet sich durch Wurzelstock oft unerwünscht aus! Selten im Handel.

307. Japanischer Sumpffarn *Thelýpteris nippónica*. Ähnlich dem vorigen, aber üppiger im Wuchs. Kann trockener gehalten werden. Im Handel schwer erhältlich.

308. Becherfarn *Mattéuccia struthiópteris* (*Struthiópteris germánica*). Sehr eleganter Farn mit einfach gefiederten, bis 90 cm langen Wedeln; die unfruchtbaren stehen außen und bilden einen Trichter; ausläuferbildend. Sehr dankbare Pflanze für feuchte Orte.

309. Königsfarn *Osmúnda regális*. Stattliche Pflanze mit verzweigter Grundachse. Wedel 25–185 cm hoch, doppelt gefiedert; sterile (gelbgrüne) und fruchtbare (bräunliche) Wedel verschieden. Gedeiht am besten auf feuchtem Moorboden und ist kalkfeindlich. *O. regális* var. *grácilis* ist wesentlich kleiner, aber schwer erhältlich. Für ähnliche sumpfige Stellen sind zu empfehlen: der Perlfarn *Onóclea sensibilis* und der heimische Rippenfarn *Bléchnum spicant* (braucht neutralen Boden). Für nicht zu schattige Fels- oder Mauerspalten eignet sich *Bléchnum pénnamarína*.

310, 311. Hirschzunge *Phyllítis scolopéndrium* (*Scolopéndrium vulgáre*). Pflanze mit ungefiederten, länglichen, lederigen, bis zu 45 cm langen Wedeln, die in dichten Büscheln wachsen. Besonders für schattige Mauern und Steingärten geeignet; braucht feuchten, kalkhaltigen Boden. Sorten: 'Undulatum' (**310**) mit am Rande gewellten Wedeln; 'Capitatum', an den Rändern gekräuselt und (oder) gewellt und mit Kammbildung an der Spitze.

312. Engelsüß *Polypódium vulgáre*. Wedel büschelig, bis 25 cm lang, einfach fiederteilig, lederig. Zu kultivieren wie 310, aber auf saurer Unterlage.

313. Stacheliger Schildfarn *Polýstichum aculeátum* (*Aspídium lobátum*). Wedel bis zu 90 cm hoch, doppelt gefiedert, glänzend, lederig, nach unten zu verschmälert. Für größere Steingärten, in Schluchten oder im Mauerschatten. Gedeiht auf saurem bis neutralem Humusboden. Zu empfehlen sind weiterhin der Lanzenfarn *Polýstichum lonchítis* sowie *P. setíferum*. Für trockene, sonnige Felsen in Steingärten oder Mauern eignet sich der zierliche Schriftfarn *Céterach officinárum*. Schatten oder Halbschatten wird von der Steinfeder *Asplénium trichómanes* bevorzugt; die verwandte Art *A. viride* gedeiht am besten auf Kalkstein. Schließlich sollte der Blasenfarn *Cystópteris frágilis* erwähnt werden, er wächst am besten in Fugen unter überhängenden Steinen.

Ziergräser

314. Blaustrahlhafer *Avéna sempervírens*. In dichten, blaugrünen Horsten wachsendes Gras; die Blätter werden bis zu 60 cm, die Halme bis zu 125 cm hoch. Sollte in kräftige, frische Böden, untermischt mit etwas Sand gepflanzt werden. Die Halme sollten nach der Blüte entfernt werden. ☼ VII–VIII.

315. Goldflammenbandgras *Phálaris arundinácea*. Gras mit schilfartigen, weißgestreiften Blättern, bis 100 cm hoch. Als Einzelstaude oder für Beetstaudenbepflanzung geeignet, wird auch für Teichrandverzierung verwandt. Vorsicht, da stark wuchernd. Gartenerde. ☼ VI–VII ✕. Sorten: 'Picta' (**315**), 'Variegata' und 'Tricolor' mit rötlichviolettem Einschlag.

316. Moskitogras, Haarschotengras *Boutelóua oligostáchya*. Dieses zierliche Gras zeichnet sich durch seine von den Halmen waagerecht abstehenden Blütenstände aus. Wuchshöhe: Blätter 7–15 cm, Halme bis 35 cm. Sehr eindrucksvoll bei flächenhafter Bepflanzung. Normale Gartenerde, gedeiht aber auch auf kargen, steinigen Erden. ☼ VII–IX.

317. Morgensternsegge *Cárex gráyi*. Ein Sauergras, dessen Früchte morgensternartig angeordnet sind. Wuchshöhe: Blätter bis 50 cm, Blütenstände bis 40 cm. Wie die meisten Seggen nur für feuchte Sumpfböden geeignet, verträgt sogar Pflanzung in seichtem Wasser. ☼— ◑ VII–VIII.

318. Schafschwingel *Festúca ovína* 'Glauca'. Dichte, graue Horste bildende Pflanze. Wuchshöhe: Blätter 8–15 cm,

Hälmchen bis 25 cm. Gedeiht am besten in kalkhaltiger Gartenerde, aber auch auf mageren Böden. ☿ V–VI.

319. Bärenfellschwingel *Festúca scopária* (*F. crínum-úrsi* Hort). Grüne Polstermatten bildendes Gras, vorzüglich für den Steingarten geeignet. Wuchshöhe 10–15 cm. Gedeiht auf mit Sand vermischter Gartenerde oder geröllreichen Pflanzflächen. ☿ V–VI.

320. Buntes Schwadengras *Glycéria máxima* (*G. aquática*) 'Variegáta'. Bis zu 80 cm hohes, schilfartiges Sumpfgras mit weißgestreiften Blättern, die im Herbst zart rosa getönt werden. Feine Beetstaude, aber auch ausgezeichnete Uferpflanze. Größte Vorsicht ist geboten, da die Pflanze stark wuchert! Ordentliche Gartenerde oder Sumpfboden. ☿ VII–VIII.

321, 322. China-Schilf *Miscánthus sinénsis* 'Giganteus'. Ornamentales Riesengras mit bis zu fast 200 cm hohen, kräftigen Halmen und silbergrauer, eleganter, federiger Blütenrispe. Ansprechende Solitärstaude, auch für Vorgärten geeignet.

Gute, nahrhafte, tiefgründige Gartenerde. Kommt nicht oft zur Blüte (in Deutschland fast nie); getrocknete Blütenstände im Frühjahr abschneiden, bilden sehr schönen Zimmerschmuck. ☿ IX–X ✗. Blühwillige Sorten: 'Gracíllimus' (**322a**), feiner als vorige Sorte (bis 170 cm hoch); 'Cendensatus', ähnlich, aber härter und robuster; 'Zebrínus' (**322b**) wird 150 cm hoch, ist quergebändert und hat elegante, überhängende Blätter. Das im Bau ähnliche, aber noch imposantere Pfahlrohr (*Arúndo dónax*) wird bis zu 300 cm hoch, ist aber nicht immer winterhart (mit Laub oder Stroh abdecken) und kommt in Deutschland nicht zur Blüte.

323. Lampenputzergräser *Pennisétum* sp. In kräftigen Horsten wachsende Gräser mit dichten, endständigen, silberrötlichen Blütenständen. Bilden einen schönen Blickfang als Solitärstauden. Zwei Arten sind zu unterscheiden: *P. compréssum* (Wuchshöhe: Blätter ca. 50 cm, Halme bis 75 cm) und *P. japónicum* (Wuchshöhe: Blätter bis 80 cm, Halme bis 100 cm). Beide gedeihen in ordentlicher Gartenerde. ☿ VIII–IX ✗.

Register

Die Zahlen geben die Nummern der Abbildungen und der Pflanzenbeschreibungen an. Durch die Klammern wird ausgedrückt, daß bei den Beschreibungen eine Art innerhalb der entsprechenden Nummer behandelt wird. Über die in den Beschreibungen genannten 650 Pflanzen hinaus werden in der Einleitung zahlreiche weitere Arten erwähnt. Diese erscheinen nicht im Register.